Hans Wermbter

Der Gebirgsbau des Leinetales zwischen Greene und Banteln

Hans Wermbter

Der Gebirgsbau des Leinetales zwischen Greene und Banteln

ISBN/EAN: 9783743438521

Hergestellt in Europa, USA, Kanada, Australien, Japan

Cover: Foto ©Andreas Hilbeck / pixelio.de

Manufactured and distributed by brebook publishing software (www.brebook.com)

Hans Wermbter

Der Gebirgsbau des Leinetales zwischen Greene und Banteln

Der
Gebirgsbau des Leinethales
zwischen Greene und Banteln.

Inaugural-Dissertation

zur

Erlangung der philosophischen Doctorwürde

bei der

hohen philosophischen Fakultät der Universität Göttingen

eingereicht

am 3. März 1890

von

Hans Wermbter

aus Insterburg.

Stuttgart.
E. Schweizerbart'sche Verlagshandlung (E. Koch).
1890.

SEINER LIEBEN MUTTER

zugeeignet

vom Verfasser.

Einleitung.

Nachdem die Leine bei Niedergandern, nördlich Eichenberg, ihre anfängliche Ost-West-Richtung verlassen und einen fast genau südnördlichen Lauf angenommen hat, verbleibt sie in dieser Richtung ca. 55 km weit, nämlich bis etwas nördlich des bekannten Bahnhofes Kreiensen oder, genauer gesagt, bis zu dem Versenkungsbecken von Greene. Ihr Verlauf ist auf dieser ganzen Strecke durch die sogenannte Leinethalspalte bedingt, deren Richtung, beiderseitige d. h. nach N. und S. sich erstreckende Fortsetzung und Entstehungsart Herr von Koenen mehrfach beleuchtet und klargestellt hat[1]. Über das Versenkungsbecken von Greene hinaus verfolgt die Leine auf ca. 25 km eine im wesentlichen nordwestliche Richtung, bis sie bei Banteln resp. Gronau wieder in eine ausgesprochen südnördliche resp. gar mit einem Strich nach O. von der SN.-Linie abweichende Richtung eintritt. Diese Richtungsänderung erfolgt nun beide Male an solchen Stellen, wo der Flusslauf von Verwerfungslinien gekreuzt wird, die in mehr oder minder ostwestlicher Richtung vom Harze her verlaufen. Das Becken von Greene bildet den Kreuzungspunkt der in der SN.-Richtung östlich der Hils-

---

[1] Siehe namentlich Jahrb. d. königl. geol. Landesanstalt. 1883 u. 84.

und Gronauer Mulde[1] weiterhin auf Hildesheim zulaufenden Leinethalspalte[2] mit der von Herrhausen (südlich Seesen) über Dannhausen-Gandersheim-Orxhausen-Beulshausen herziehenden Bruchlinie[3], die sich über Bruchhof, Naënsen und Stadtoldendorf durch die sogenannte Liasmulde von Falkenhagen und darüber hinaus nach Horn bei Detmold erstreckt.. In dem weiten und im wesentlichen ebenen Gebiete von Gronau-Elze quert eine in ähnlicher Ausdehnung von Herrn von KOENEN nachgewiesene Spalte[4], die sich von Goslar-Langelsheim über Hahausen-Bockenem-Bodenburg-Gronau längs des Osterwaldes bis Hameln an den Fuss des Süntel und dann längs des ganzen Wesergebirges verfolgen lässt, die NW.-Spalte Harriehausen (südwestlich Seesen)-Gandersheim-Alfeld etc.[5]

Diese letztgenannte Bruchlinie, die in das System der Spalten gehört, die in dem nordwestlichen Deutschland das so vielfach wiederkehrende SO.—NW.-Streichen der Bergzüge und Thäler bedingen, ist nun augenscheinlich von entscheidendem Einflusse auf die Ablenkung des Leinelaufes aus der so lange innegehaltenen SN.-Richtung gewesen.

Ein genaueres Bild von den hierbei obwaltenden Verhältnissen sich zu verschaffen, ist nun aber auf Grund des bisherigen, über diese Gegend vorliegenden geologischen Kartenmateriales nicht möglich. Denn so bedeutend auch seiner Zeit der Fortschritt war, der durch die im Verlaufe der vierziger Jahre von H. ROEMER angefertigten beiden ersten Blätter einer geognostischen Karte des Königreichs Hannover, die Gegend zwischen Hildesheim und Northeim umfassend[6], gewonnen wurde, so haben doch seit dieser Zeit gemäss dem allgemeinen Fortschritt der Wissenschaft die für die geologische Kartirung massgebenden Gesichtspunkte so wesentliche

[1] Über den letzteren Namen vergl. v. SEEBACH, Der Hannover'sche Jura, S. 12, und BRUNO FÖRSTER, Die Plänermulde östlich von Alfeld (Gronauer Mulde). Inaug.-Diss. Göttingen. Striegau 1876. S. 6.
[2] Jahrb. d. königl. geol. Landesanstalt 1885. S. 81 u. 82.
[3] Ebendaselbst 1884 S. 46 und 1885 S. 81.
[4] Ebendaselbst 1885 S. 80 und 1886 S. 197.
[5] Ebendaselbst 1883 S. 195 und 1884 S. 46.
[6] Vergl. Zeitschrift der deutschen geolog. Gesellschaft. III. 1851. S. 478 ff.

Änderungen erfahren, dass die theilweise Unzulänglichkeit jener Karte den heutigen Anforderungen gegenüber nicht überraschen kann. Namentlich ergibt sich eine solche Unzulänglichkeit gegenüber den Anschauungen, die in neuester Zeit Herr von KOENEN über Schichtenfaltung dargelegt hat.

. Auf Veranlassung dieses meines hochverehrten Lehrers. dem ich auch an dieser Stelle meinen Dank für die mannigfache Förderung, die ich durch ihn bei meinen Studien erfahren habe, auszusprechen mir erlaube, habe ich im Folgenden den Versuch unternommen, den tektonischen Aufbau des Leinethales zwischen den Becken von Greene und Gronau-Elze des Näheren darzulegen. Die Grundlagen für diesen Versuch lieferten Begehungen der Gegend, die ich in den Jahren 1888 und 1889 ausgeführt habe und bei denen ich bemüht war, soweit es das vorhandene Material an Messtischblättern zuliess, wenigstens das Gerippe einer geologischen Specialkarte zu entwerfen — nördlich und westlich des Parallelkreises resp. Meridianes von Alfeld fehlen die Messtischblätter, so dass man hier noch immer auf die für wirklich genaue geologische Kartirung zu kleine und zudem im Wegenetz gänzlich veraltete PAPEN'sche Karte angewiesen ist.

Orographisch-hydrographische Übersicht.

An der Südgrenze unseres Gebietes erheben sich dort. wo die Leine das Einsturzbecken von Greene verlässt, auf der rechten Seite ihrer daselbst nur noch 100 m hoch gelegenen Thalfläche die bis zu ca. 210 m emporsteigenden Höhen des Steinbrinks und Dohrenkamps (PAPEN'sche Karte)[1]. denen nach Norden hin der in seinem höchsten Punkte, 265 m. erreichende Kroschenhohl folgt. An diesen schliesst sich weiterhin der Hausfredener Berg mit ca. 185 m Höhe und nördlich von diesem als letzte Erhebung dieses Bergzuges der südlich Klein-Freden gelegene Mädchenbrink. Östlich von diesen Bergen steigt der Buntsandsteinzug empor, der im Norden von Gandersheim als Clusberg mit einer Höhe von 237 m beginnt, in seiner als Helleberg zu-

---

[1] Namen, die allein die PAPEN'sche Karte nennt, während sie auf den Messtischblättern der Preussischen Aufnahme fehlen, habe ich durch obigen, in Klammern gefassten Zusatz kenntlich gemacht.

sammengefassten Fortsetzung bis zu 300 m aufragt, um darauf in zwei, durch ein tiefes Längsthal getrennten Parallelzügen zu dem Querthal hinabzusinken, das auch den Hausfredener Berg nach N. begrenzt und in dem hier in einer Höhe von 140 m die Glashütte Schildhorst gelegen ist. Der grosse und der kleine Eichberg, 225 resp. 240 m hoch, erfüllen von hier ab den Raum bis zu dem bei Freden in die Leine mündenden Bache. Jenseits desselben erhebt sich der Sonnenberg (205 m), dem sich nach N. die bewaldete Kuppe von Reihers Nest (Papen'sche Karte; 240 m) unmittelbar anschliesst, und weiterhin folgt der langgestreckte Hahnenberg (235 m), den ein neues Durchbruchsthal von den östlich resp. nördlich des Dorfes Meimerhausen gelegenen Höhen des Himmelberges (235 m) und Schwarzen Kopfes (277.3 m) abscheidet, während diese letzteren von den Erhebungen des Buchenberges (265 m) und der Brucht (240 und 230 m) ununterbrochen bis zu dem Dorfe Röllinghausen fortgesetzt werden. Hier tritt wieder eine Unterbrechung ein, und mit der jenseits dieses Dorfes sich nur noch ca. $\frac{1}{4}$ km hinziehenden und zu nicht mehr als 155 m emporsteigenden Masse endet der Buntsandsteinzug, der von Freden abwärts die unmittelbare Begrenzung des Leinethales gebildet hat.

Einen ganz andern Anblick bietet dagegen das linke Leineufer dar. Im Gegensatze zu den unmittelbar vom Flussthal steil emporsteigenden Hängen des Steinbrinks, Dohrenkamps, Kroschenhohls etc. erhebt sich hier das Gelände in mehr oder minder allmählichem Anstieg, bis demselben in einer Entfernung von $1\frac{1}{4}$—$1\frac{1}{2}$ km durch die schroff, zuweilen geradezu senkrecht abstürzenden Klippen des Selter ein um so augenfälligerer Abschluss gesetzt wird. Nur die zahlreichen, in fast genau rechtwinkliger — unter sich paralleler — Richtung von dem Abhange des Selter zur Leine hinabziehenden Wasserläufe rufen einige Gliederung in dieser gleichmässig abgeböschten Fläche hervor, die allein da, wo sie an die eigentliche Thalebene grenzt, zeitweilig einen kleinen, durch Erosion erzeugten Steilabsturz zeigt.

Indess noch südlich des Dorfes Gross-Freden, etwa $\frac{1}{4}$ km nördlich des Gutes Esbeck, beginnt sich auch bereits auf dieser Seite der Leine ein zwar niedriger, noch nicht voll 150 m höher, aber doch immerhin deutlich bemerkbarer Rücken emporzuwölben, der den gleichmässigen Abfall zur Leine unterbricht. Jenseits dieses Dorfes hebt sich ein in der Verlängerung des eben erwähnten gelegener Rücken heraus, der unter dem Namen der Lieth (PAPEN'sche Karte; 183 m) und weiterhin des Hackeberges [= Ohberg der PAPEN'schen Karte; 173 m] bis zu dem breiten Thale der weit im innersten Südostwinkel der Hilsmulde entspringenden Wispe hinzieht. Nach der Leine zu zeigt diese Erhebung, zum wenigsten in ihrem mittleren Theile, einen äusserst steilen Abfall, der, mit niedrigem Buschwerk bedeckt, einen scharfen Gegensatz zu den gegenüberliegenden, sanfter geböschten, höher emporsteigenden und mit schönem Hochwald bestandenen Buntsandsteinbergen bildet. Weiterhin lagert in dem Raume zwischen den an der Wispe gelegenen Dörfern Imsen und Wispenstein einerseits und dem weiter abwärts an der Leine sich erhebenden Föhrste andererseits der Nattenberg, von dem die niedrige, westlich von Föhrste gelegene Anhöhe zu dem Humberg hinüberleitet, der den Winkel erfüllt, den die von Alfeld nach Delligsen führende Strasse bildet.

Von dem Hackeberg oder Ohberg ab hat sich in diesen letztgenannten Bergen der in Rede stehende Höhenzug mehr und mehr von der Thalfläche der Leine entfernt, und der Humberg wird nun ebenso wie seine Fortsetzung, der nördlich jener Strasse gelegene Rettberg, durch die Alfeld gegenüber emporsteigenden Erhebungen des Schleeberges und Wahrberges (220 m) von dem Leinethal vollständig abgetrennt; indess die breite Senkung, die sich nördlich des letztgenannten Berges ausdehnt, lässt das Thal fast wieder bis zu dem Höhenzuge ausgedehnt erscheinen, von dem wir soeben den Rettberg kennen lernten, und der uns hier als Knick entgegentritt. Der Nordhälfte dieses letzteren lagert sich aufs Neue eine Anhöhe vor, und jenseits des von Brunkensen herabeilenden Baches erheben sich Nüttenberg und Butterberg zu nicht unbeträchtlichen Höhen. Die in dem Fortstreichen dieser Kuppen nördlich des Dorfes Dehnsen gelegenen Erhebungen, wie Bocksberg und Röbserberg, verleihen dem Vorlande des Külf immerhin noch einen bergigen Charakter. Allmählich geht derselbe freilich mehr und mehr verloren, und schliesslich findet eine ziemlich gleichmässige Abdachung zu dem so gut wie vollständig ebenen Becken statt, in dem zunächst Banteln und weiter Leine-abwärts das Städtchen Gronau gelegen ist, und das sich noch weiterhin nach Elze und darüber hinaus ausdehnt. Der Külf, der ohne wirklich durchgreifende Unterbrechung von der unterhalb Brunkensen erbauten Mühle Brüninghausen herzieht, endet ziemlich unvermittelt bei dem Dorfe Dunsen. In seinem Fortstreichen erhebt sich noch zwischen diesem Dorfe und der von Eime nach Esbeck führenden Strasse der niedrige Sonnenberg, worauf jenseits dieser Strasse nach einer letzten schwachen Aufwölbung ein ganz allmählicher Abfall zu dem breiten Thale der Saale eintritt, die mit ihren Quellarmen bis nach Duingen und Capellenhagen in die Hilsmulde zurückreicht und sich unterhalb Elze mit der Leine vereinigt.

Westlich des Külfes und seiner nördlichen Ausläufer, sowie der ihn nach S. hin fortsetzenden Berge dehnt sich bis zu den fast überall schroff emporsteigenden Jurahöhen im Nordosten der Hilsmulde eine sich allmählich nach Süden verschmälernde Thalfläche aus, die bis zu dem oben bereits erwähnten Dorfe Imsen einen durchaus gleichartigen Charakter zeigt. Ackerflächen nehmen sie zum allergrössten Theile ein, und nur hier und da ziehen sich zwischen denselben schmale Wiesenstreifen hin. In fast stets gleichmässiger Abdachung neigt sich das Gebiet allmählich nach O. resp. NO. hinab, und demgemäss eilen auch die Wasserläufe mehr oder minder direct in dieser Richtung abwärts, bis die vorgelagerten Höhen des Külfes und seiner südlichen Fortsetzungen sie zum Aufgeben dieser Richtung zwingen und sie in bald nach SO., bald nach NW. gerichteten Rinnsalen an ihrem Westfusse sammeln. Vor den Durchbruchsstellen jenes Höhenzuges treffen dann immer je zwei dieser Bäche aus entgegengesetzter Richtung zusammen und verstärken entweder bereits vorhandene, aus der Hilsmulde abfliessende Bäche oder führen ihre Wasser selbständig der Leine zu.

Zwischen Imsen und Gross-Freden zeigt das Gelände nicht einen derartig gleichmässigen Abfall, sondern ist mehr unregelmässig wellig gestaltet, ohne dass es aber zu der Bildung irgendwie augenfällig hervortretender Einzelerhebungen käme. Jenseits Gross-Freden tritt dann wieder der eben beschriebene Charakter auf, wie wir ihn ja auch bereits im Beginn unserer Schilderung des linken Leineufers kennen lernten. Nehmen wir nunmehr die Beschreibung des rechten Ufers der Leine wieder auf, aber so, dass wir jetzt zu unserem Ausgangspunkte die Südgrenze des Gronauer Beckens, d. h. etwa das südöstlich von Banteln gelegene Dorf Rheden wählen, so können wir wohl erst in dem Westabfall der „Sieben Berge" den wirklichen Abschluss des Flussthalgebietes nach O. hin erblicken. Es unterbrechen zwar einzelne Anschwellungen, wie die unmittelbar südlich von Rheden gelegene Anhöhe oder der östlich von Brüggen heraustretende Schanuberg mit einer Höhe von kaum 200 m den gleichmässigen Anstieg zum Fusse dieser Berge, aber gegenüber diesen, sämmtlich über 320 m emporsteigenden, in ihrer höchsten Erhebung sogar 440 m erreichenden Höhen treten doch jene erstgenannten Erhebungen so sehr zurück, dass sie als Grenze zu nehmen erhebliche Bedenken hervorrufen würde. Südlich von Brüggen freilich ist eine derartige Auffassung sicherlich nicht mehr möglich; denn von nun ab ist die eigentliche Leinethalfläche auf ihrer Ostseite von einem wohl hie und da sich etwas verflachenden und auch nicht an allen Stellen gleich hohen, aber doch überall ausgesprochenen Steilabfall begrenzt, wie ein solcher besonders deutlich nördlich Wettensen durch den grossen Eversberg gebildet wird. Von ihm steigt das Terrain zu den im Fortstreichen des Schannberges sich hinziehenden Erhebungen, wie dem Tütenberge bei Wettensen und dem Fastberge nördlich Eimsen, meist gleichmässig an. Diese Vorhöhen sind nur durch schmale Thäler von den Sieben Bergen getrennt, und ein gleiches gilt von der südlichsten derselben, dem unmittelbar zur Leine abfallenden Eyberg, der sich von Eimsen bis zur Strasse von Alfeld nach Langenholzen erstreckt.

Hier tritt eine breite Unterbrechung ein, durch die die Warne ihre Wasser zur Leine hinabführt, doch eine Änderung des landschaftlichen Bildes ergibt sich jenseits dieses Thales nicht. An die Stelle der Sieben Berge treten die gleich gebauten Höhen des Sackwaldes, denen, durch enge Thäler getrennt, nunmehr als etwas höhere Vorberge als vorher vorgelagert sind: Kukuk (Papen'sche Karte; 210 m),

Wolfseiche (220 m), Reissel (250 m), Horstberg (250 m), Buchenberg (265 m), Mullenberg (275 m), Bocksberg (240 m) und Rustiberg (287.7 m). Mit dem letztgenannten Berge hört die Kette der Vorberge auf, und die Ausläufer der Hochfläche, die diejenige des Sackwaldes nach Süden fortsetzt, treten als Tiebenburg und Winzenburg direct an die Thalfläche heran, wogegen die Hohe Schanze wiederum durch den Ziegenberg verdeckt wird, in dessen Verlängerung nach Süden resp. Südosten hin die letzte Erhebung dieses Bergzuges, der Westerberg, gelegen ist.

Über diesen hinaus gelangen wir an den Nordwestrand des Ohlenrode-Dankelsheim-Alt-Gandersheimer Beckens, das sich nordwärts von den im Norden von Gandersheim gelegenen Höhen ausdehnt. Hier haben wir bereits im Anfange dieses Abschnittes den Clusberg kennen gelernt und sehen nun, dass dieser nicht unmittelbar an das eben erwähnte Becken grenzt, sondern von demselben durch freilich verhältnissmässig niedrige Erhebungen abgeschieden wird. Weiter nach NW. gehen diese in eine scharf heraustretende Bergkette über, die, nur durch ein schmales Thal von dem oben beschriebenen Buntsandsteinzuge geschieden, sich bis dicht vor Alfeld hinzieht. Dieselbe beginnt südlich Wetteborn als Sauberg (242 m), setzt dann von der sie hier durchbrechenden Einsenkung als Sommerberg (= Sonnenberg der PAPEN'schen Karte; 260 m) und Sauberg (269.5 m) bis zu dem Dorfe Klump fort, erhebt sich darauf in der Schierdehne bis auf 272 m, während der nordwestlich davon sich hinziehende Humberg nur 225 m Höhe erreicht, und bildet dann schliesslich einen ununterbrochen bis Alfeld ausgedehnten Kamm. Dieser besitzt seine höchste Erhebung in seinem südöstlichen Theile, in dem zugleich den Gipfelpunkt des ganzen Zuges darstellenden Kleck (275 m), den die langgestreckte Egge (PAPEN'sche Karte), die noch eine Höhe von 230 m erreicht, nach Norden fortsetzt, während dieselbe ihrerseits eine Fortsetzung in dem Schleenberg (= Steinberg der PAPEN'schen Karte) findet, von dessen höchstem Punkte (205 m) ein allmähliches und gleichmässiges Absinken zur Leine stattfindet.

Zwischen dieser eben geschilderten Bergkette und den oben aufgeführten Vorbergen des Sackwaldes und seiner südlichen Fortsetzung dehnt sich ein Thalzug aus, der die natürliche Verbindung zwischen Alfeld und Gandersheim darstellt. Freilich wird damit keine vollkommen ebene resp. in gleichmässiger Neigung verlaufende Strasse zwischen diesen beiden Orten geboten; denn mehrfach durchsetzten niedrige Anschwellungen das Thal und zwingen zu einem mehrfachen Auf- und Abstieg, aber diese Unebenheiten sind doch sämmtlich von so geringer Bedeutung, dass man kein Bedenken tragen darf, diese ganze Fläche als eine Einheit aufzufassen, als welche sie sich auch dadurch dem Beschauer darstellt, dass sie bis auf einen schmalen, vom Kleck zum Horstberge hinüberziehenden Waldstreifen von Ackerflähen bedeckt ist.

Die Entwässerung dieses Gebietes ist aber infolge der mehrfachen Quererhebungen keine einheitliche, geschieht vielmehr durch nicht weniger als 4 selbständig in die Leine mündende Bäche. Der nordwestliche Abschnitt, der an der eben erwähnten, von Wald bedeckten Querhöhe im Südosten des Dorfes Hörsum seine Grenze findet, sendet seine Wasser geradeswegs nach NW. zur Leine hinab. Dann folgt das Entwässerungsgebiet des südöstlich von Meimerhausen in die Leine mündenden Baches, dessen Quellarme bis an den Fuss der Höhen des Sackwaldes zurückreichen und die sich erst westlich des Humberges vereinigen, nachdem jeder derselben selbständig den Wetteborn-Alfelder Höhenzug durchbrochen hat. In dem Gebiete des Dorfes Winzenburg sammeln sich die zahlreichen Zuflüsse des an Klump vorüberfliessenden und bei Klein-Freden ins Leinethal eintretenden Baches, der wohl die Hauptmasse seines Wassers aus der oberhalb des Apenteiches am Südfusse der Tiebenburg entspringenden Quelle erhält. Der südöstlichste Theil dieser Thalfläche bildet mit dem Becken von Ohlenrode ein gemeinsames Abflussgebiet, das seine Wasser dem Gandebach zuführt, der östlich des Clusberges nach Gandersheim durchbricht und darauf an Orxhausen und Kreiensen vorbei zur Leine fliesst.

Die geognostische Zusammensetzung.

Als ältestes Formationsglied, das an dem Aufbau des vorstehend näher beschriebenen Gebietes theilnimmt, ist Zechstein zu erwähnen, sofern die weiter unten näher zu begründende Deutung des Gypses und Dolomites von Meimerhausen als Zechsteingyps und -Dolomit richtig ist.

Von viel wesentlicherer Bedeutung für die Zusammensetzung unseres Gebietes ist aber der Buntsandstein, der, wie oben bereits erwähnt, die Berge zusammensetzt, die sich in dem Fortstreichen des Clusberges nördlich Gandersheim auf dem rechten Ufer der Leine bis nahe Alfeld hin erstrecken. In Übereinstimmung mit der allgemeinen Richtung dieser Bergkette ist das Schichtenstreichen ein im Wesentlichen nordwestliches, d. h. es schwankt zwischen WNW. und NNW., während das ausnahmslos nach der nordöstlichen Seite hin erfolgende Fallen der Schichten 40—60° beträgt.

Diese Streich- und Fallrichtung setzt auch noch links der Leine in dem Schleeberg und Wahrberg fort, und erst in der östlich der Mühle Brüninghausen gelegenen Anhöhe tritt eine andere Schichtenstellung ein. Der nördlichste Ausläufer dieser Erhebung zeigt bei einem rein südnördlichen oder gar etwas nach O. abweichenden Streichen ein zunächst dem Thalrande nahezu senkrechtes Fallen (80—85°), das sich indess schon in geringer Entfernung zu ca. 30° verflacht, aber noch immer nach O. hin gerichtet ist. An dem Westabhange dieses Rückens zeigen jedoch, ebenso wie auf der Nordseite des hier durchbrechenden Baches, verlassene Steinbrüche bei einem mit 1—2 Strich nach W. von der Süd-Nordlinie ab-. weichenden Streichen ein mit 40—50° nach W. gerichtetes Einfallen und ein solches ergibt sich auch in den nördlichsten, im Westen des Dorfes Dehnsen sich findenden Aufschlüssen. Darüber hinaus setzt der Buntsandstein noch die oben einzeln aufgeführten Vorberge des Külfes zusammen, bis er an dem Bache endet, der südlich Banteln in fast genau westöstlicher Richtung der Leine zufliesst, und den man etwa als die Südgrenze des Gronauer Beckens bezeichnen darf.

Der petrographische Charakter des Buntsandsteins ist in diesem Gebiete der gleiche wie in dem ganzen westlich und südwestlich des Harzes sich ausdehnenden Gelände. Es ist auch hier die untere Abtheilung desselben durch Feinkörnigkeit gegenüber der mittleren ausgezeichnet, ohne dass indessen diese letztere ausschliesslich aus grobkörnigen Lagen bestände. Denn wie ein am Nordabhange des kleinen Eichberges westlich Klump gelegentlich der Neuanlage eines Holzabfuhrweges gemachter Einschnitt zeigt, kehren auch noch in ziemlich beträchtlicher Höhe über der ersten grobkörnigen Schicht, die man wohl auch hier als die untere Grenze des mittleren Buntsandsteins wird annehmen müssen, feinkörnige Sandsteinlagen in Wechsellagerung mit dünnen Thonlagen wieder.

Im Übrigen sind aber Aufschlüsse, die eine grössere Schichtenfolge blosslegen, in diesem ganzen Gebiete nicht vorhanden, und auch die Zahl der gelegentlichen Entblössungen, wie sie sich an den Rändern von Wasserrissen oder auf Wegen darzubieten pflegen, ist trotz der steilen Schichtenstellung keine sehr beträchtliche. Nur die obersten Schichten des mittleren Buntsandsteins, die sog. Bausandsteine, sind wegen ihrer Verwerthbarkeit als Baumaterial in zahlreichen und bedeutenden Steinbrüchen aufgeschlossen: in fast geradliniger Anordnung ziehen sich dieselben, theils noch im Betriebe befindlich, theils verlassen, entsprechend dem verschiedenen Schichtenfallen auf der rechten Leineseite auf der Ostseite und links derselben auf der Westseite des Buntsandsteinzuges hin und lassen so ohne Weiteres auf der Karte den Verlauf dieses feststehenden und überall nahe der Röthgrenze auftretenden Horizontes erkennen.

Aus diesen Schichten erhielt ich auch von den Arbeitern ausser Panzerplatten eines Sauriers ein Bruchstück eines Unterkiefers eines *Saurichthys*, der auf der Unterseite der tiefsten Bausandsteinbank eingebettet war und nördlich Meimerhausen in dem Steinbruche am Ostabhange des Buchenberges gefunden wurde.

Die obere Abtheilung des Buntsandsteins, der sog. Röth, ist durchweg in thoniger Ausbildung entwickelt und demgemäss bildet er überall dort, wo er zwischen eigentlichem Buntsandstein und Wellenkalk zwischengelagert ist, ein tiefes, diese beiden Schichtsysteme auf's Deutlichste von einander trennendes Thal, dessen Flächen vielfach zu Ackerbau benutzt werden und demgemäss nur selten Aufschlüsse zeigen. In dieser Erscheinungsform tritt uns der Röth auf der Ostseite des ganzen Buntsandsteinzuges rechts der Leine entgegen und so erscheint er auch in dem nördlichen Abschnitte der linken Thalseite, wo Buntsandstein und Wellenkalk ein gleichsinniges Fallen nach W. hin zeigen. Südlich Limmer bildet er den westlichen Theil des niedrigen, sich vor der Wellenkalkhöhe des Knick ausdehnenden Vorlandes und zieht dann weiter als schmaler Grenzstreifen zwischen Wahrberg und Rettberg hin. Darauf bildet er in dem Thale, das sich von SO. her zwischen Humberg und Schleeberg hinaufzieht, ein ·sanft geböschtes Vorland vor der erstgenannten Erhebung, worauf er erst nördlich Gross-Freden vor dem Ostabhange der Lieth wieder sichtbar wird, um damit links der Leine überhaupt zu enden. Rechts derselben tritt er zunächst noch im Süden von Klein-Freden auf, östlich resp. westlich der beiden sich dort heraushebenden Wellenkalkhöhen des Mädchenbrinks und Giselhers, und endlich erscheint er nordwestlich von Hilprechtshausen in dem Winkel, den der südöstlich gerichtete Ausläufer des Kroschenhohl mit dem nach SW. abfallenden Haupttheile dieser Erhebung bildet.

Erwähnenswerth dürfte aus dem Bereiche des Röth, dessen Ausbildung sonst kaum zu besonderen Bemerkungen Anlass gibt, das Gypsvorkommen sein, das westlich Everode in früheren Jahren für eine jetzt bereits wieder verschwundene Gypsmühle ausgebeutet wurde. Die damals angelegte Grube bietet aber noch jetzt einen brauchbaren Aufschluss dar, der ausser der Beobachtung des Gypsvorkommens das auch hier stattfindende Auftreten von Zellendolomiten zwischen den verschiedenfarbigen Thonschichten des Röth festzustellen gestattet.

Die nächsthöhere Schichtenfolge, der Muschelkalk, tritt jederseits des Buntsandsteins in mehr oder minder geschlossenem Zuge auf. Er setzt die Bergkette zusammen, die mit dem Sauberg bei Wetteborn beginnt, an Klump vorüberzieht und sich südlich Alfeld zum Leinethal hinabsenkt. Die widerstandsfähigen Schichten des Wellenkalkes, der durchweg mit $40-50^0$ nach der nordöstlichen Seite einfällt, bilden auf der ganzen Westseite dieses Höhenzuges einen schroffen Steilabfall; jenseits desselben folgt ein meist ebenflächiges oder, wie es hauptsächlich an den Endpunkten der einzelnen Berge der Fall ist, muldenförmig ausgetieftes Terrain, in dem die milden Mergel des mittleren Muschelkalkes zu Tage streichen. Dann hebt sich der Trochitenkalk zu einer neuen wallartigen Erhebung heraus, und von dieser senkt sich das Gelände in fast durchgängig gleichmässigem und allmählichem Abfall zu der östlichen Thalfläche hinab. Künstliche Aufschlüsse finden sich in dem Wellenkalke nur in sehr geringer Zahl, doch gewährt die steile Aufrichtung seiner Schichten fast überall die Möglichkeit, sein Streichen und Fallen zu messen. Die Schichten des mittleren Muschelkalks finden sich nur einmal, in einer Mergelgrube am Südende des Sommerberges nördlich Wetteborn, in etwas grösserem Maassstabe aufgeschlossen. Dafür bietet aber der Trochitenkalk sehr zahlreiche Aufschlüsse dar; seinen Verlauf kennzeichnet eine fast ununterbrochene Reihe von Steinbrüchen, von denen freilich nur noch die wenigsten im Betriebe sind; vielmehr sind viele derselben, die wohl nur gelegentlich zur Besserung der Forstwege angelegt wurden, so verfallen, dass sie weiter keine Beobachtung als die des Schichtenstreichens und -Fallens gestatten. Jedenfalls ist es aber so gut wie überall möglich, die fast stets vollkommene Übereinstimmung in der Lagerung zwischen Trochitenkalk und Wellenkalk festzustellen, eine Übereinstimmung, in die ja auch noch die Buntsandsteinzone mit hineinbezogen werden darf. Die Ceratitenschichten entbehren der Aufschlüsse vollständig; höchstens sind gelegentlich des Steinbruchsbetriebes im Trochitenkalk die untersten Schichten derselben angeschnitten.

Nördlich von Alfeld tritt auf der Ostseite des Buntsandsteins der Muschelkalk nur noch in einigen wenigen, weit von einander getrennten Partieen zu Tage. Südöstlich von Limmer, etwa gegenüber der Stelle, wo der Alfelder Leinecanal sich mit dem eigentlichen Strome wieder vereinigt, erhebt sich ein kleiner Trochitenkalkhügel, auf dessen Erscheinungsform das von Herrn v. KOENEN herangezogene Bild eines Tumulus oder kleinen Basaltkegels [1] vollkommen zutrifft (siehe Profil 7). Dann erscheinen, nun wieder auf dem rechten Ufer der Leine, sämmtliche Schichten des Muschelkalks nördlich von Wettensen an dem Westabhange des grossen Eversberges oder, wie die Örtlichkeit im Volksmunde heisst, „unter dem Schornstein." Der Wellenkalk dieser mehrfach Querbrücke

---

[1] Jahrbuch der k. geolog. Landesanstalt 1885. S. 69.

aufweisenden Scholle fällt bei einem im wesentlichen nordwestwärts gerichteten Streichen mit 40—50° nach NO. ein, während der Trochitenkalk in dem am Südende des Berges betriebenen Steinbruche bei etwa gleichem Streichen ein Fallen von ca. 70° nach NO. zeigt, das sich freilich an anderer Stelle zu nur 55° ergibt.

In der sog. Steinkuhle südlich Brüggen tritt in unserem Gebiete zum letzten Male rechts der Leine unter einer Lehm- und Schotterdecke Trochitenkalk zu Tage, der hier bei etwa nordwestlichem Streichen mit 25° nach NO. einfällt. An der Südwestecke des im Süden von Banteln gelegenen Ohberges steht mit nordwestlicher Streichungsrichtung und einer Neigung von ca. 35° nach NO. Wellenkalk an, welchem in ganz geringer Entfernung (ca. 75 Schritt) eine stark zerrüttete Scholle desselben Gesteins vorgelagert ist, die ein südnördliches Streichen und ein 15° betragendes Fallen nach W. hin zeigt. Der Trochitenkalk des Ohberges, der in mehreren grossen Steinbrüchen für die daselbst befindlichen Kalköfen ausgebeutet wird, lässt einen mehrfachen Wechsel in seiner Schichtenstellung erkennen; während er im südlichen Theile in seiner Lagerung mit der des eben erwähnten Wellenkalkes übereinstimmt, geht sein Streichen weiter nördlich in eine mehr westnordwestliche Richtung über, und gleichzeitig verflacht sich sein Fallen zunächst zu 25° und dann zu 15°, bleibt aber nach NO. gerichtet.

Ein ca. 700 m westlich des Ohberges gelegenes, nur sehr geringe Ausdehnung zeigendes Trochitenkalkvorkommen sei hier nur eben erwähnt und ebenso der Trochitenkalk, der nördlich Eime in der sog. Hennlade, einer schwachen Emporwölbung im Gronauer Becken, ansteht. Die beiden Steinbrüche am Westausgange des Dorfes Sehlde bilden in dieser Gegend die nordwestlichsten Aufschlusspunkte im Trochitenkalk, dessen Fallen daselbst ein mehrfach wechselndes ist.

In der sog. Steinlah bei Esbeck, nördlich der Strasse Esbeck-Eime, sehen wir Trochitenkalk anstehen, der zwar auch noch manchen Wechsel in seiner Schichtenstellung beobachten lässt, aber doch stets eine westliche Fallrichtung beibehält, wie ein solches auch für den südlich gelegenen Sonnenberg gilt, an dessen östlicher Seite bereits Wellenkalk sichtbar wird. Der Bau des südlich folgenden Külfes und seiner beiden Fortsetzungen, des Knicks und Rettberges, bildet eine vollständige Analogie zu dem vorher beschriebenen Aufbau der Muschelkalkkette, die ich kurz als den Wetteborn-Alfelder-Zug bezeichnen will. Entsprechend der nach der westlichen Seite gerichteten Neigung der Schichten, die zwischen 30° und 40° schwankt, ruft der Abbruch der Wellenkalkschichten auf der Ostseite überall einen äusserst steilen Absturz hervor, während nach Westen hin von der Höhe des Trochitenkalkwalles ein meist viel sanfterer Abfall stattfindet. Im Gegensatz zu jenem Muschelkalkrücken rechts der Leine herrscht aber hier in dem Fallen des Wellenkalkes und des Trochitenkalkes keine so allgemeine Übereinstimmung, vielmehr ist hier der Trochitenkalk meist steiler aufgerichtet als der Wellenkalk; seine Neigung beträgt fast stets mehr als 40° und erreicht, besonders weiterhin nach Süden, häufig sogar 60°. Ferner zeigt die Kammlinie des Trochitenkalkes gegenüber der des Wellenkalkes eine viel grössere Zahl von Unterbrechungen, und im Osten des Dorfes Lübbrechtsen erscheint er auf eine Erstreckung von 1,5 km, nämlich durch die Walddistricte 123, 124 und 125 hindurch, in Sattelstellung. Genau östlich jenes Dorfes tritt sogar eine zweifache Knickung des Trochitenkalkes ein, indem sich dem westlichen mit ca. 60° nach SW. einfallenden Sattelflügel noch eine mit etwa 20° nach NO. geneigte Scholle vorlagert. Erdfälle von bald grösserem, bald geringerem Umfange kennzeichnen sowohl die Muldenlinie wie die Sattellinie.

Eine mehrfache Knickung der Trochitenkalkbänke zeigt auch der nördlich der Strasse von Hoyershausen nach Dehnsen gelegene Steinbruch, und eine ausgesprochene Sattelbildung findet noch in dem Bruche statt, der östlich vom Dorfe Lütjenholzen betrieben wird.

Auf dem westlichen Abhange des Knick, der auf seiner Ostseite den regelrechten Steilabsturz der Wellenkalkschichten zeigt, hebt sich der Trochitenkalk nicht wie sonst wallartig heraus, sondern er ruft hier nur eine Kante in der Böschung hervor, bis zu der hin eine gleichmässige und sanfte Abdachung stattfindet, während unterhalb derselben die Böschung wesentlich steiler wird. Dasselbe ist in dem Rettberge der

Fall, ja hier verschwindet mitunter sogar die eben geschilderte Kante, so dass sich ein ganz gleichmässiger Abhang von der Höhe des Wellenkalkes nach Westen hinabsenkt. Mehrfach machen sich auch hier Unterbrechungen resp. Einsenkungen in dem Trochitenkalke geltend, die jedesmal auch den Wellenkalkzug beeinflussen, deren Zusammenhang mit Änderungen in der Schichtenstellung hier aber sicher festgestellt werden kann.

Die dem Südende des Rettberges westlich vorgelagerte, vereinzelte Trochitenkalkmasse dürfte wohl als ein Stück des Trochitenkalkwalles des Humberges anzusehen sein, in dessen Fortstreichen sie gelegen ist und von dem sie wohl in gleicher Weise wie von dem Rettberge durch Verwerfungen abgetrennt ist. Die Neigung der Trochitenkalkbänke ist übrigens in dem Humberge nicht immer eine gleichförmige, vielmehr mitunter eine treppenförmige, indem sich zwischen die geneigt gestellten Theile eine horizontal gelagerte Partie zwischenschiebt, eine Erscheinung, die ich auch bereits von dem Ohberge bei Banteln und dem nördlich der Deinsen-Bantelner Strasse im Külf gelegenen Bruche hätte erwähnen können.

An dem Südende des Rettberges und dem Nordende des Humberges lenkt eine höchst bemerkenswerthe Änderung in der Schichtenstellung des Wellenkalkes unsere Aufmerksamkeit auf sich. Bis zu der südlichsten Schneise, die den Wald des Rettberges durchschneidet, fällt der Wellenkalk gleich dem der bisher betrachteten Höhen mit 30—40° nach SW.; etwa 50 m südlich dieser Schneise wird seine Schichtenstellung eine senkrechte und noch weiter südlich sind die Schichten desselben mit ca. 50° nach NO. geneigt. Die gleiche Erscheinung wiederholt sich am Ostabhange des Humberges; in der südlichen Hälfte desselben fällt der Wellenkalk regelrecht mit 30—40° nach SW. ein; in der Entfernung von etwa 350 m von der Strasse von Alfeld nach Geerzen wird aber sein Einfallen ein wesentlich steileres (ca. 70°), und endlich zeigt der an jener Strasse sich entlang ziehende Aufschluss bald senkrecht stehende Wellenkalkschichten, bald solche, die mit 45—50°, oder solche, die mit 70—75° nach NO. einfallen. In dem letzten Abschnitte hoffe ich für diese auffallende Schichtenstellung eine zutreffende Erklärung bringen zu können.

Den beiden weiter südlich folgenden Muschelkalkerhebungen, der westlich Föhrste gelegenen Anhöhe und dem Nattenberge bei Wispenstein, ist das gemein, dass in ihnen der Wellenkalk nur einen verhältnissmässig kleinen Antheil an der Zusammensetzung ihrer Oberfläche nimmt, vielmehr grösstentheils von einer Lehmdecke verhüllt ist, während der Trochitenkalk sich in weiter Ausdehnung über die eigentliche Höhe verbreitet und dadurch derselben, besonders bei dem Nattenberge, einen plateauartigen Charakter aufprägt. Die Lagerung desselben ist dabei eine mehrfach wechselnde, wie ich solches auch wieder besonders auf dem Nattenberge feststellen konnte. Nahe dem Nordrande seiner Höhe beobachtete ich eine mit etwa 10° nach NO. geneigte Schichtenstellung, während sich östlich davon in einem kleinen Schurfe nahe dem Ostabfall des Trochitenkalkes die Bänke desselben ganz zerrüttet zeigten. In der Mitte der Hochfläche des Berges sah ich einen Sattel aufgeschlossen, dessen Ostflügel mit 25° nach NO. einfiel, während sich der Westflügel mit 12° nach SW. verflachte. An der SW.-Ecke, oberhalb des Dorfes Imsen, fallen die Schichten mit 45° nach SW. ein, und eine derartige Stellung darf wohl an der ganzen Westseite als herrschend angenommen werden, da der Abfall hier überall ein gleichmässig steiler ist.

Den Fuss des jenseits des breiten Wispethales emporsteigenden Hackeberges bildet auf der Nord- und Ostseite Wellenkalk, der in dem von Westen heraufführenden Weganschnitte ein westnordwestliches Streichen und ein unter 25° nach SSW. gerichtetes Einfallen erkennen lässt; abweichend von diesem wohl die Regel bildenden Streichen und Fallen fällt eine westlich vorgelagerte Scholle mit ca. 5° nach der nordöstlichen Seite. Der Trochitenkalk, der die höchste Erhebung des Berges einnimmt, fällt bei nordwestlichem Streichen mit 25—30° nach SW. ein.

Diese Erhebung des Hackeberges, die ebenso wie die beiden vorher beschriebenen Höhen kuppenförmig gestaltet ist, findet nach SO. ihre Fortsetzung in dem langgestreckten Rücken der Lieth. Auf der Ostseite derselben brechen die

Schichten des Wellenkalkes, der mit durchschnittlich 35—40° nach SW. einfällt, und den eine eingesenkte Partie mittleren Muschelkalkes von dem des Hackeberges abtrennt, steil zum Leinethal ab. Der Trochitenkalk wird zunächst an der Stelle, die im SO. des Hackeberges auf der Karte als Dreisch verzeichnet ist, sichtbar und zieht sich von da, mehrfach unterbrochen, zu dem mit 182,9 m bezeichneten trigonometrischen Punkte hin, von welchem er sich dann in den als Dreisch liegen gebliebenen Partieen zu dem Eckpunkte des Weges hinabsenkt, der von dem Westausgange Gross-Fredens in fast genau nördlicher Richtung zu der Höhe hinaufführt. Hier zeigt ein durch Steinbruchsbetrieb hergestellter Aufschluss nicht nur einen mehrfachen Wechsel in der Lagerung, sondern auch eine ziemlich weitgehende Zerrüttung der Trochitenkalkbänke.

In dem Dorfe Gross-Freden steht auf der Nordseite des dasselbe durchfliessenden Baches gerade gegenüber der Leinebrücke eine wenig ausgedehnte Scholle Wellenkalk an, deren nordwestliches Streichen und mit 30—40° nach SW. erfolgendes Fallen noch eine volle Übereinstimmung mit der Stellung des bisher betrachteten Wellenkalkes ergibt. Dem gegenüber ist die Stellung des südlich jenes Baches heraustretenden Wellenkalkes eine vollständig abweichende und unregelmässige, und eine solche unregelmässige und dazu sehr stark zerrüttete Lagerung zeigen auch die in dem Trochitenkalke dieser Anhöhe betriebenen Steinbrüche. Endlich ist auch wohl der bedeutende Erdfall, der sich an der auf der Karte als Dreisch bezeichneten Stelle findet, veranlasst durch hier durchsetzende Störungen, die auf den mit dieser Erhebung erfolgenden Abbruch der Muschelkalkschichten links der Leine hinweisen; die Schichten sind eben hierbei in der verschiedensten Art geknickt und gestaucht worden, so dass nur schwer noch einige Regelmässigkeit in ihrer Anordnung zu erkennen ist.

Östlich der Leine treten zunächst in dem Dorfe Klein-Freden zwei vereinzelte Wellenkalkpartien zu Tage, von denen die eine gleich am Eingange des Dorfes vom Bahnhofe her gelegen ist, während die andere sich auf dem linken Ufer des dortigen Baches unter der Kirche heraushebt. Beiden ist bei nordwestlichem Streichen ein Fallen von ca. 25° nach SW. gemeinsam. An dem der Eisenbahn parallel laufenden Hange finden sich dann weiter nach SO. unter der Schotterdecke mehrfach kleine Wellenkalk-Entblössungen, bis derselbe an dem Westabhange der zwischen Eisenbahn und Chaussee gelegenen Kuppe des sog. Mädchenbrinkes zu immerhin schon bemerkenswerther Höhe emporsteigt; seine Schichten fallen unter einem Winkel von 50° unmittelbar zum Leinethal hinab. Wellenkalk setzt auch die Erhebung zusammen, die, westlich des Buntsandsteinzuges in dem von der Chaussee gebildeten Winkel gelegen, als Giselher bezeichnet wird.

Südlich des Schildhorster Baches führt uns der gleichfalls aus Wellenkalk bestehende Hausfredener Berg in seinem tektonischen Bau eine Sattelbildung vor. Während seine Schichten an dem Westabhange mit 35—40° nach SW. einfallen, zeigt ein kleiner, an seiner nördlichsten Spitze angelegter Steinbruch, dass hier die Schichten, die nordnordwestlich streichen, mit 42° nach ONO. einfallen. Mit 15° nach NO. fallende Wellenkalkschichten sind in dem südlichen Drittheil dieser Erhebung an der westlichsten Stelle des von dem Vorwerk Hausfreden zum Kroschenhohl führenden Weges angeschnitten.

Auch in dem Kroschenhohl dürfte eine sattelförmige Schichtenstellung herrschen (siehe Profil 1). Daraus, dass der von dem kleinen Steinbruche an seinem Nordende zunächst nach Westen und dann an dem westlichen Waldrande nach Süden hinführende Weg eine sehr häufig wechselnde Lagerung zeigt, folgt jedenfalls für den nördlichen Theil dieses Berges das Vorhandensein mehrfacher Störungen, ohne dass es mir aber möglich gewesen wäre, den Verlauf derselben festzulegen, da die stetige Waldbedeckung jeden Aufschluss verwehrt. Dort, wo die preussisch-braunschweigische Grenze sich eine kurze Strecke lang auf der Kammlinie hinzieht[1], zeigen die zu Tage tretenden Schaumkalkbänke ein mit ca. 50° nach NO. gerichtetes Fallen, und ein solches ergibt sich auch bei den Arbeiterhäusern des Gutes Hilprechtshausen, während das Streichen ein durchgängig nordwestliches ist.

[1] Die Terraindarstellung auf dem Messtischblatte Gross-Freden entspricht an dieser Stelle nicht durchweg den wirklichen Verhältnissen.

Demgegenüber fallen an dem Westabhange des Kroschenhohl die Wellenkalkschichten mit 40—50° nach SW., und die gleiche, nur etwas flachere (35°) Schichtenstellung zeigt auch der Wellenkalk des Dohrenkamps. Dem südlichen Abschnitte des letzteren lagert sich im Westen noch Trochitenkalk vor. der dort, wo ihn der von Hilprechtshausen zu der ehemaligen. auf der Karte noch verzeichneten Fähre führende Fussweg kreuzt, mit 25° nach SW. einfällt. Dieser Trochitenkalk zieht sich ununterbrochen bis zu dem Steinbrink hin, den wir in der orographischen Übersicht als die erste grössere Erhebung in unserem Gebiete kennen gelernt haben. Ostwärts dehnt sich das Becken von Heckenbeck—Hilprechtshausen aus. dessen Oberfläche von Lehm bedeckt ist.

Nachholend möchte ich bemerken, dass auch bereits an dem Westabhange des Kroschenhohl Trochitenkalk auftritt. und zwar in einem schmalen, die preussisch-braunschweigische Grenze ca. 250 Schritt oberhalb der Eisenbahn schneidenden Zuge, der nördlich und südlich dieser Linie ein baldiges Ende findet.

Mit Bezug auf die petrographische Entwickelung des Muschelkalkes dürfte wohl die Bemerkung genügen, dass sie ganz dieselbe ist, wie man sie auch sonst im Westen und Südwesten des Harzes findet. Grössere Aufschlüsse sind im Wellenkalke nur in verhältnissmässig geringer Anzahl vorhanden und zudem meistens gar nicht oder nur sehr unvollkommen für eine Klarstellung der specielleren Zusammensetzung desselben verwendbar. Die zahlreichen Steinbrüche im Trochitenkalk geben auch zu besonderen Bemerkungen kaum Anlass; erwähnenswerth dürfte vielleicht das Vorkommen von Bleiglanz sein, das ich in dem Steinbruche am Südende des Külf gegenüber der Mühle Brüninghausen beobachten konnte.

Die Schichtenfolge des Keupers, die sich sowohl auf der rechten wie auf der linken Seite der Leine den Muschelkalkzügen auflagert und dieselben fortlaufend begleitet, zeigt links der Leine, wo sie ca. 900 m südöstlich des Gutes Esbeck endet, keine irgendwie bemerkenswerthen Aufschlüsse. Östlich der Gross-Fredener Thongruben weist der geringe Abstand, der die untersten Schichten des Lias von den obersten

Muschelkalkschichten trennt, darauf hin, dass daselbst streichende Verwerfungen die Keuperschichten abschneiden.

Auf der Ostseite des Wetteborn-Alfelder Muschelkalkzuges scheinen die Keuperschichten gleichfalls von streichenden Verwerfungen betroffen zu sein [1], und die Everoder Ziegeleithongrube bietet auch einen deutlichen Aufschluss dafür dar. In derselben stehen die Gypskeuperschichten auf dem Kopfe resp. sie befinden sich z. Th. sogar in überkippter Stellung, und ihnen sind die Schichten des *Psiloceras planorbe* Sow. bei fast gänzlichem Fehlen des Rhätkeupers ausserordentlich genähert. Über Alfeld hinaus werden Keuperschichten noch nördlich von Wettensen auf der Ostseite des, wie oben erwähnt, aus Muschelkalk aufgebauten, grossen Eversberges sichtbar und lassen sich sogar noch eine Strecke weit über das Nordende desselben hinaus verfolgen, zum mindesten bis zu der sog. Steinkuhle südlich von Brüggen.

Endlich ist noch der Gypskeuper zu erwähnen, der am Westfusse des Kroschenbohl dort, wo sich die preussischbraunschweigische Grenze zur Leine hinabsenkt, ansteht. Dieses Vorkommen könnte wohl als die nunmehr auf das rechte Ufer der Leine übergetretene Fortsetzung des auf der Westseite des linksleinischen Muschelkalkzuges sich hinziehenden Keupers aufgefasst werden; doch dürfte derselbe hier den Muschelkalkschichten nicht aufgelagert, sondern nur angelagert sein, indem er wohl längs einer Verwerfung, die ihn vom Muschelkalk trennt, abgesunken ist (siehe Profil 1).

Der Lias und der Dogger sind in dem ganzen Gebiete als Thone entwickelt, und demgemäss ist ihr Gebiet von Thalsenken eingenommen. Die Gleichheit der petrographischen Ausbildung macht natürlich die Feststellung der Grenzen derselben sehr schwierig, und als weiteres erschwerendes Moment kommt noch vielfach der Umstand hinzu, dass oft in gar nicht unbeträchtlicher Mächtigkeit Abhangsschutt von den höher emporsteigenden Höhen über diese Thonschichten herübergerollt ist. In sehr bedeutendem Maasse ist dieses letztere unterhalb der schroffen Klippenzüge des oberen Jura auf der Nordostseite der Hilsmulde der Fall, wo besonders in dem

---

[1] Siehe Profil 1 und vgl. die Anm. 1 auf S. 25 und 1 auf S. 46.

südlichen Theile von den z. Th. senkrecht aufsteigenden Felswänden des Selter an zahlreichen Stellen so grosse Gesteinsmassen abgestürzt sind, dass in ihnen Steinbrüche betrieben werden, und wo an andern Stellen zwar kleinere, aber dafür um so zahlreichere Blöcke ausgestreut sind. In einzelnen Strecken werden dann diese älteren Schichten überhaupt vollständig überdeckt von mächtigen Diluvialablagerungen, die sowohl als Geschiebethon wie als Kies- und Schotterlagen auftreten, und endlich entzieht auch stellenweise eine Lehmdecke jene Schichten der unmittelbaren Beobachtung [1].

Jedenfalls ist durch alle diese Umstände die Abgrenzung der einzelnen Formationsglieder sehr erschwert, und ein Gleiches gilt von der Feststellung und Verfolgung der diese Schichten ohne Zweifel durchsetzenden streichenden Verwerfungen. Über den Verlauf derselben hoffe ich in dem letzten Abschnitte wenigstens einige Andeutungen beibringen zu können, während hier zunächst alle die Beobachtungen, die bisher in unserem Gebiete über die Verbreitung der einzelnen Zonen gemacht worden sind, in möglichster Vollständigkeit zusammengestellt werden sollen. Abgesehen von den in den Arbeiten von ROEMER [2], v. SEEBACH [3] und BRAUNS [4] niedergelegten Angaben lieferte auch die Provinzialsammlung des Göttinger geologischen Museums, deren Benutzung mir von Herrn VON KOENEN gütigst gestattet wurde, manche wichtige Ergänzung zu den von mir selbst gemachten Beobachtungen.

Etwa 175 m nördlich des Dorfes Lütjenholzen schneidet die von dort nach Hoyershausen führende Strasse in die untersten Liasschichten ein, aus denen ich daselbst *Psiloceras planorbe* Sow. sammelte. Dieselben Schichten konnte ich zugleich mit den Angulatenschichten östlich der Gross-Fredener Thongruben auf dem diesen parallel verlaufenden Koppelwege

---

[1] Um die Unsicherheit der Beobachtungen über die Grenze zwischen Keuper und Lias sowohl wie zwischen Lias und Dogger auch auf den Profilen zum Ausdruck zu bringen, habe ich an den betreffenden Stellen die Grenzlinien nur gestrichelt gezogen und diese Stellen selbst durch ein darüber gesetztes Fragezeichen noch besonders kenntlich gemacht.

[2] Zeitschr. d. deutsch. geol. Ges. III. 1851. S. 478 ff.

[3] v. SEEBACH, Der hannoversche Jura. 1864.

[4] BRAUNS, Der untere Jura im nordwestlichen Deutschland. 1871, und Der mittlere Jura im nordwestlichen Deutschland. 1869.

feststellen. indem ich hier einmal typische Gesteine jener untersten Zone des Lias und dann auch mehrfach Bruchstücke der *Schlotheimia angulata* SCHLOTH. fand; ob die von v. SEEBACH „SSW. von Gross-Freden" gesammelte *Gryphaea arcuata* LAM. auch von dieser Stelle oder aus den Thongruben selbst stammt, ist nicht mehr zu entscheiden. Dass in der ersten, dem Dorfe Gross-Freden am nächsten gelegenen Thongrube Angulatenschichten auch noch angeschnitten gewesen sein können, dafür ist in der von mir daselbst gefundenen *Isodonta compressa* DKR. u. KCH. wenigstens eine Andeutung gegeben. Die übrigen daselbst gesammelten Versteinerungen gehören den Arietenschichten und der Zone des *Aegoceras planicosta* an:

Arietites geometricus OPP.   *Aegoceras planicosta* Sow.
„ *obtusus* Sow.   „ *ziphus* ZIET.
Agassiceras miserabile QUENST.   *Goniomya* sp.

An der „Chaussee zwischen Geerzen und Dörshelf" hat v. SEEBACH 1868 ein *Aegoceras planicosta* Sow. gesammelt.

Nach v. SEEBACH (a. a. O. S. 25) sollen die Schichten, die nördlich Erzhausen das Steilufer der Leine bilden, aus Capricornerschichten bestehen, eine Angabe, die er auf ein undeutliches Bruchstück von *Amm. capricornus* begründet und die späterhin von BRAUNS[1], der die Örtlichkeit genau beschreibt, einfach übernommen zu sein scheint. Ich erhielt nun aber an der Nordecke jenes Steilufers aus den den Thonen eingeschalteten festen Kalkbänken neben *Terebratula vicinalis arietis* QU., *Pecten aequalis* QU., *Avicula inaequivalvis* SCHAFH. und einem jungen *Arietites Schlotheimia lacunata* BUCKM., ein Fossil, das zwar vielleicht noch in die obersten Arietenschichten hinabreicht, sonst aber für die Zone des *Aegoceras planicosta* Sow. resp. genauer für die des *Oxynoticeras oxynotum* QU. bezeichnend ist. Es dürfte daher wohl die Vermuthung gerechtfertigt sein, dass jenes undeutliche Bruchstück, das v. SEEBACH vorlag, nicht *Aegoceras capricornus* SCHLOTH., sondern *planicosta* Sow. war, und dass also jene Angabe irrthümlich ist.

Amaltheenthone fand ich in ziemlich beträchtlicher Erstreckung an der Chaussee zwischen Esbeck und Erzhausen

---

[1] BRAUNS. Der untere Jura. S. 130).

— ca. 1,5 km südöstlich des erstgenannten Ortes — aufgeschlossen, ohne dass es mir jedoch gelungen wäre, etwas anderes als *Amaltheus margaritatus* MTF. aufzulesen. Bruchstücke dieses Ammoniten sammelte v. KOENEN am Osteingange des Dorfes Geerzen und „SSW. von Gross-Freden" (ob noch in den dortigen Thongruben?) hat v. SEEBACH 1871 einen *Amaltheus spinatus* BRUGU. gefunden.

Die Posidonienschiefer, die ich unterhalb Erzhausen roth, hart und klingend gebrannt fand, wie solches v. SEEBACH angibt, lieferten mir nur an einer Stelle ihres von dort nach NW. auf Gut Esbeck zu verlaufenden Zuges Versteinerungen, und zwar neben häufigeren *Harpoceras Levisoni* SIMPS. und *Inoceramus dubius* Sow. zwei Bruchstücke von Fischen, die nach freundlichst mitgetheilter Ansicht von Herrn JAEKEL vielleicht auf *Tetragonolepis semicinctus* AG. und *Pholidophorus Stricklandi* AG. zu beziehen sind. Nach BRAUNS[1] hat sich in diesem Horizonte zu *Inoceramus dubius* Sow. auch *Pholidophorus Bechei* AG. und *Leptolepis Bronni* AG. „bei Geerzen (zwischen dort und Stumpfethurm)" gefunden, ein Fundpunkt, der heute nicht mehr aufgeschlossen sein dürfte.

Nach ROEMER (a. a. O. S. 498) ist Lias „westlich von Deinsen durch die Landstrasse, in Brunkensen (schwefelhaltige Brunnen) am Fahrwege nach Alfeld und bei Immensen (= Imsen) ebenfalls durch die Landstrasse" aufgeschlossen gewesen.

Aus der Zone des *Harpoceras opalinum* REIN. gelang es mir, in der zweiten der Gross-Fredener Thongruben eine grössere Anzahl von Fossilien zu sammeln, und zwar stammen dieselben sämmtlich aus der schon von v. SEEBACH erwähnten festen Bank von dunkelgrauem, dichten Kalk, die oben und unten von einer Schicht Nagelkalk bedeckt ist, und in der sich häufig geschiebeartige Gesteinsbrocken eingeschlossen finden:

Belemnites subclavatus VOLTZ
Lytoceras dilucidum (OPP.) DUM.
Harpoceras Aalense ZIET.
„ *affine* v. SEEB.
„ *Beyrichi* SCHLOENB.

Harpoceras costula REIN.
„ *fluitans* DUM.
„ *mactra* DUM.
„ *opalinum* REIN.
Dumortieria radiosa v. SEEB.

---

[1] BRAUNS, Der mittlere Jura. S. 16.

Pteroceras subpunctatum MSTR.
Cerithium armatum MSTR.
Gresslya exarata BRAUNS
Astarte Voltzi HÖN.
Nucula subglobosa RÖM.

Pecten lens Sow.
„ *disciformis* ZIET.
Rhynchonella cf. *cynoscephala* RICH.
Terebratula Lycetti DAV.

Weiterhin ergaben die Petrefactenfunde das Vorhandensein des Horizontes des *Inoceramus polyplocus* ROEM. in der dritten der Gross-Fredener Thongruben; denn ich fand daselbst:

Harpoceras opalinum REIN.
„ *Murchisonae* Sow.
Leda acuminata ZIET.
„ *aequilatera* DKR. u. KCH.

Nucula Hammeri DEFR.?
Inoceramus polyplocus RÖM.
Posidonomya Roemeri VOLTZ
Avicula elegans MSTR.

Eine reichere Ausbeute aus diesen Schichten gewährte die südlich Warzen betriebene Thongrube:

Belemnites giganteus SCHLOTH.
Harpoceras Murchisonae Sow.
Gresslya exarata BRAUNS
Pholadomya transversa v. SEEB.
Nenera sp.
Tancredia laevigata MORR. u. LYC.?
Lucina tenuis DKR. u. KCH.
Trigonia striata GF.
Nucula subglobosa RÖM.
„ *Hammeri* DEFR.
Leda acuminata ZIET.
„ *aequilatera* DKR. u. KCH.

Leda lacryma Sow.
Cucullaea concinna PHIL.
Macrodon elongatus Sow.
Inoceramus polyplocus ROEM.
Gervillia sp.
Lima alticosta CHAP. et DEW.
Hinnites tegulatus MORR. u. LYC.?
Pecten pumilus LAM.
„ *disciformis* ZIET.
Exogyra sp.
Actaeonina pulla DKR. u. KCH.
Cerithium cf. *granulatocostatum* QU.

Aus dem bei dem Forsthause Marienhagen angelegten Brunnen sind mir von Herrn VOLCKMANN folgende Versteinerungen gütigst zur Verfügung gestellt worden:

Belemnites subhastatus ZIET.
„ *giganteus* SCHLOTH.
Harpoceras Romani OPP. [1]
Stephanoceras psilacanthus BEH-

RENDSEN mscr. [1] (= *Humphreysianum* D'ORB. p. p., pl. 134, non 133)
Ostrea eduliformis SCHLOTH.

Es wird also hier durch dieselben neben höheren Schichten, auf die der *Belemnites subhastatus* ZIET. hindeutet, das Vorhandensein der Coronatenschichten festgestellt.

---

[1] Den obigen Manuscriptnamen habe ich ebenso wie die folgenden den Etiketten der hiesigen Sammlung entnommen. Herr BEHRENDSEN hat das in derselben liegende Material bei der von ihm begonnenen kritischen Revision der Ammoniten des norddeutschen Doggers mitbearbeitet, und

In dem Gebiete von Geerzen wird die Coronatenzone nachgewiesen durch:

Belemnites giganteus Schloth. Cephalop. t. 14 fig. 7, Schwäb.
Stephanoceras turgidum Behr. mscr. Amm. t. 66 fig. 5 u. 6)
(= *Humphreysianum* Qu. p. p.,

Derselbe Horizont ist auch an dem bei Gut Esbeck mündenden Bache an dem auf dem Messtischblatte Gross-Freden noch verzeichneten, thatsächlich aber nicht mehr existirenden Stall, dem Überrest einer früher daselbst betriebenen Ziegelei aufgeschlossen gewesen. Das von mir daselbst daselbst Gesammelte ergab in Verbindung mit den von dort bereits seit früher her in der Göttinger Sammlung aufbewahrten Stücken folgende Liste:

Belemnites giganteus Schloth. *Sphaeroceras polyschides* Waag. (fide
Stephanoceras Sauzei d'Orb. Behrendsen)
„ *psilacanthus* Behr. *Gresslya abducta* Phill.
mscr. (= *Humphreysianum* d'Orb. *Perna mytiloides* (Linné) Gmelin
p. p., pl. 134, non 133) *Modiola cuneata* Sow.
Stephanoceras subcoronatum Opp.

Als minder wichtige Fundorte führt Brauns (a. a. O. S. 39) noch ausser Geerzen Brunkensen, Dörshelf und Warzen an.

Die Parkinsonierzone habe ich an einer ganzen Reihe von Stellen „zwischen Freden und dem Selter" durch Auffindung von Bruchstücken von *Parkinsonia*-Arten feststellen können, ohne aber irgendwo eine reichlichere Ausbeute an Fossilien zu erhalten.

Nach Brauns (a. a. O. S. 44 u. 45) steht diese Zone auch bei Dörshelf an, während ich sie erst wieder am Ostabhange des Hohen Stein bei Brunkensen aufgefunden habe; nach v. Seebach (a. a. O. S. 39) soll sich *Parkinsonia Parkinsoni* Sow. auch bei Deinsen gefunden haben.

Aus der Zone der *Ostrea Knorri* hat v. Seebach 1871 und 1872 eine grössere Anzahl von Fossilien auf der heute noch vorhandenen Halde eines Eisensteinversuchstollens südlich von Brunkensen gesammelt:

Parkinsonia Parkinsoni Sow. *Belemnites Beyrichi* Opp.
„ *Eimensis* Behr. mscr. „ *subhastatus* Ziet.
(= *ferruginea* Schloenbach, Bei- *Actaeonina* sp.
träge, t. 3 fig. 4 u. t. 4 fig. 1) *Dentalium elongatum* Mstr.

ich habe diese von ihm bestimmten Exemplare bei der Bestimmung der von mir gesammelten Stücke herangezogen.

Turbo serratus QUENST.
Acirsa inornata TERQ. et JOURDY
Cerithium armatum GF.
Corbula cucullaeformis DKR. u. KCH.
Astarte pulla ROEM.
— *depressa* MSTR.
Tancredia sp.
Trigonia costata Sow.
Leda aequilatera DKR. u. KCH.

Nucula variabilis Sow.
„ *Waltoni* MORR. u. LYC.
Cucullaea subdecussata MSTR.
Perna mytiloides (LINNÉ) GMELIN
Ostrea eduliformis SCHLOTH.
„ *Marshi* Sow.
„ *Knorri* VOLTZ
Serpula tetragona Sow.

Der Weganschnitt, der südlich des im Westen von Gross-Freden gelegenen Kloth's Krug auf dem Messtischblatte verzeichnet ist, hat gleichfalls diese Schichten angetroffen; dass dieselben auch „am Selter" anstehen, beweist ein in der hiesigen Sammlung mit dieser allgemeinen Fundortsangabe versehene *Parkinsonia Eimensis* BEHR. mscr.

Als weitere Aufschlusspunkte dieser Zone nennt v. SEE-BACH (a. a. O. S. 41) Marienhagen, Brunkensen und Geerzen, zu denen BRAUNS (a. a. O. S. 48) noch Dörshelf hinzufügt.

Bei Geerzen hat der westlich von diesem Orte zum Reuberg hinaufführende Hohlweg aus dem sog. Cornbrash eine grössere Anzahl von Fossilien geliefert:

Belemnites Beyrichi OPP.
„ *subhastatus* ZIET.
Oppelia fusca QUENST.
Stephanoceras Geerzense BEHR. mscr.
(= *modiolare* D'ORB. pl. 170)
Nautilus sp. cf. *dispansus* MORR. u. LYC.
Trochus monilitectus PHILL.
Gresslya abducta PHILL.
Pholadomya ovulum AG.

Corbula cucullaeformis DKR. u. KCH.
Astarte pulla ROEM.
Trigonia costata Sow.
Cucullaea subdecussata MST.
Modiola cuneata Sow.
Avicula echinata Sow.
— *Münsteri* BRONN
Pecten lens Sow.
Ostrea Knorri VOLTZ
Rhynchonella varians SCHLOTH.

Ein zufälliger Aufschluss am Abhange des Selter in der Nähe des Nordendes des Dreisches, der sich südlich von Gross-Freden vor dem Walde hinzieht, ergab folgende Arten:

Belemnites Beyrichi OPP.
„ *subhastatus* ZIET.
Trochus monilitectus PHILL.
Perna mytiloides (LINNÉ) GMELIN

Leda aequilatera DKR. u. KCH.
Ostrea Knorri VOLTZ
Rhynchonella varians SCHLOTH.

In Betreff der Makrocephalenzone macht v. SEEBACH (a. a. O. S. 45) für unser Gebiet nur die folgende höchst allgemeine Bemerkung: „In der Hilsmulde ist der *Amm. macrocephalus* mehrfach in kleinen verkiesten Exemplaren, die offenbar aus Thonen stammen, gefunden worden." BRAUNS (a. a. O. S. 71) nennt als Aufschlusspunkt der Makrocephalenschichten Geerzen, indem er in Klammern hinzufügt: „*Amm. modiolaris* LUJD nach ROEMER, Ool.-Geb. S. 203." An dieser Stelle beschreibt aber ROEMER einen „aus dem Bradfordthon bei Geerzen" stammenden Ammoniten als *Amm. sublaevis* Sow., eine Species, die BRAUNS mit *Amm. modiolaris* LUJD identificirt. Dieser Ammonit ist von mir oben unter dem Manuscriptnamen des Herrn BEHRENDSEN als *Stephanoceras Geerzense* angeführt worden, und es gehört derselbe, wie solches auch aus der Angabe ROEMER's hervorgeht, dem Cornbrash an. Ein bestimmter Aufschlusspunkt der Makrocephalenzone dürfte demnach in unserem Gebiete noch nicht festgestellt sein.

Endlich sind noch in der Göttinger Sammlung die Ornatenthone durch Versteinerungen vertreten, die v. SEEBACH bei Brunkensen gesammelt hat:

Cosmoceras Jason REIN.
Turbo aedilis MSTR.
Lucina lirata PHILL.

Nucula Caecilia D'ORB.
Aricula ornati QUENST.

Schliesslich gelang es mir aus demselben Horizonte einige Fossilien aus dem Stollen zu erhalten, den die Carlshütte von Dörshelf her hat treiben lassen, um durch Ableitung der Wispe in ihn in ihren Hüttenanlagen eine wesentliche Verstärkung der von diesem Bache zu gewährenden Triebkraft zu erlangen:

Belemnites subhastatus ZIET.
Perisphinctes funatus OPP.
Stephanoceras coronatum BRUGU.?
Corbula sp.
Astarte depressa MSTR.

Nucula Caecilia D'ORB.
Modiola cuneata Sow.
Gryphaea dilatata Sow.
Ostrea eduliformis SCHLOTH.

Nach v. SEEBACH (a. a. O. S. 47) und BRAUNS (a. a. O. S. 76 u. 79) sind diese Schichten auch bei Hoyershausen, Brunkensen, Geerzen und Dörshelf angetroffen worden.

Auf der rechten Seite der Leine besteht der Untergrund des Oblenroder Beckens grösstentheils aus Liasschichten, und dieselben ziehen sich von dort aus auch in den nach Alfeld verlaufenden Thalzug hinein. Westlich der Glashütte und

Ziegelei Westerberg werden dort, wo sich der scharf eingeschnittene nordwestlich verlaufende Wasserriss mit dem von dem Abhange des Sauberges herabrinnenden Bache vereinigt, Amaltheenthone sichtbar. und zwar die untere Abtheilung derselben mit *Amaltheus margaritatus* MTF. In dem Bachbette selbst war 1889 eine feste Kalkbank entblösst, die bei nordwestlichem Streichen mit 35° nach NO. einfällt. In dem hinter derselben von dem Bache ausgewaschenen Loche sammelte ich neben Bruchstücken des *Amaltheus margaritatus* MTF. und *spinatus* BRUGG. noch

Belemnites umbilicatus BLAINV.   *Gryphaea cymbium* LAM.
Aegoceras planicosta Sow.   *Rhynchonella variabilis* SCHLOTH.

Diese Fossilien deuten auf das Anstehen noch tieferer Liashorizonte oberhalb dieses Fundpunktes hin, ohne dass es mir freilich gelungen ist, diese Schichten in situ aufzufinden. ebensowenig wie ich das von BRAUNS[1] citirte Vorkommen der *Schlotheimia angulata* SCHLOTH. bei Winzenburg von neuem bestätigen konnte.

Die für die Ziegelei Westerberg betriebene Thongrube steht grösstentheils in der oberen Abtheilung der Amaltheenthone mit *Amaltheus spinatus* BRUGG., aus der ich ausserdem noch *Amaltheus margaritatus* MTF. und *Pecten aequivalvis* Sow. erhielt. In dem oberen Viertheil der Grube werden dagegen Hilsthone gewonnen, sodass hier also ausser dem oberen Lias auch der ganze braune und weisse Jura fehlt. Ausser zahlreichen Bruchstücken grosser Crioceren erhielt ich von dieser Stelle:

Olcostephanus bidichotomus LEYM.   *Thracia Phillipsi* ROEM.
Panopaea neocomiensis D'ORB.   *Pectunculus* sp.

Hilsthone sind auch in der früheren, auf der Karte verzeichneten, jetzt freilich schon wieder eingeebneten Thongrube am Westabhange des Westerberges aufgeschlossen gewesen. wie dieses von Herrn v. KOENEN 1886 daselbst gesammelte Bruchstücke von *Pecten crassitesta* ROEM. beweisen. Ferner sind wohl auch Hilsthone die Thonlagen, die oberhalb des Dorfes Winzenburg hier und da an dem Ufer des vom Apenteiche herabkommenden Baches sichtbar werden. Für diese

---

[1] BRAUNS, Der untere Jura. S. 74.

Deutung spricht wenigstens der Umstand, dass die beiderseits von dem Bache ansteigenden Höhen aus sog. Hilssandstein bestehen, dessen Liegendes ja der Hilsthon bildet.

In der oben bereits erwähnten Everoder Thongrube sind während des letzten Winters die tiefsten Schichten des Lias angeschnitten worden, aus denen ich neben *Psiloceras planorbe* Sow. und einer *Ostrea* sp. noch *Astarte obsoleta* Dkr. gesammet habe. Weiterhin habe ich auf der ganzen Strecke bis Alfeld nur noch dort, wo die Chaussee ca. 75 m nördlich des etwa in der Mitte zwischen Everode und Hörsum gelegenen kleinen Teiches wieder in eine ausgesprochen nordwestliche Richtung umbiegt, in der ausgeräumten Grabenerde einige Versteinerungen sammeln können, und zwar waren dies einmal Bruchstücke von *Amaltheus margaritatus* Mtf. und andererseits:

Panopaea neocomiensis d'Orb. *Exogyra tuberculifera* Dkr. u. Kch.
Exogyra Couloni d'Orb. *Terebratula sella* Sow.
„ *spiralis* Roem.

Es liegt also anscheinend auch hier Hilsthon unmittelbar neben Amaltheenthonen.

Nach den Angaben von Roemer[1] und Brauns (a. a. O. S. 148 u. 240) bildet dann endlich das Dorf Hörsum den nordwestlichsten Punkt, an dem noch Lias festgestellt ist, indem dieselben von hier das Vorkommen von *Amaltheus spinatus* Brug. erwähnen. Nördlich von Alfeld fand ich 1887 dicht an der rechten Seite der Chaussee nach Eimsen einen kleinen, zum Zwecke der Gewinnung von Ziegelthon angelegten Aufschluss im Hilsthon, der kaum ¼ km von der Strasse nach Langenholzen entfernt lag und folgende Versteinerungen lieferte:

Meyeria ornata Phill. *Venus* sp.
Hoplites noricus Schloth.[2] *Isocardia angulata* Phill.
„ cf. *Leopoldinus* Neum.u.Uhl. *Astarte numismalis* d'Orb.
Crioceras Roemeri Neum. u. Uhl.? *Nucula simplex* Desh.
Belemnites subquadratus Roem. „ *planata* Desh.
Rostellaria Phillipsi Roem. „ *subtrigona* Roem.
Scalaria brevis Pict. u. Camp.? *Lima* cf. *intermedia* d'Orb.
Panopaea neocomiensis d'Orb. *Pecten striatopunctatus* Roem.

---

[1] Zeitschr. d. deutsch. geol. Ges. III. 1851. S. 498.
[2] Da Neumayr und Uhlig selbst angeben, dass es bei kleinen Eisenkieskernen unmöglich ist, eine sichere Entscheidung über die Frage zu

Exogyra Couloni D'ORB.   *Serpula quinquecarinata* RM.
„   *spiralis* ROEM.   „   *antiquata* Sow.?

Flammenmergel und sog. Hilssandstein setzen die in der orographischen Übersicht einzeln namhaft gemachten Vorhöhen der Sieben Berge und des Sackwaldes zusammen, aber der Antheil, der dem Hilssandstein hierbei zukommt, ist doch nur untergeordneter Natur. Denn von der ersten, im Süden des Dorfes Rheden emporsteigenden Anhöhe bis zu dem nördlich von Eimsen gelegenen Fastberge herrscht der Flammenmergel ganz ausschliesslich, und in dem weiteren Zuge der Vorhöhen bis Winzenburg hin bildet der Hilssandstein nur immer gewissermassen den Fuss dieser Erhebungen, während die eigentliche Höhe stets aus Flammenmergel besteht.

In der südlichen Hälfte dieser Strecke, von Winzenburg bis zu dem Horstberge im SO. von Hörsum, wird diese Vorlagerung des Hilssandsteins schon rein orographisch und darum auch auf der Karte dadurch kenntlich, dass von den die einzelnen Berge trennenden Querthälern her flache Dellen sich parallel zu der Längserstreckung der Berge einerseits nach NW. und andererseits nach SO. hinaufziehen; zwischen ihnen bleibt jedoch stets ein scheidender Sattel übrig, der, meist vor der Mitte der einzelnen Höhen gelegen, einen ununterbrochenen Aufstieg von der westlichen Thalsohle über den Hilssandstein zu dem Flammenmergel ermöglicht.

Die beiden südlichsten der in Rede stehenden Vorberge, der Ziegenberg und Westerberg, sind ausschliesslich aus Hilssandstein aufgebaut, und dieser dehnt sich von dem letztgenannten Berge in vorwiegend nördlicher Richtung bis zu dem Feldberge aus und lagert sich auf diese Weise dem Rücken der Hohen Schanze, der aus fast horizontal gelagertem Flammenmergel besteht, ebenso auf der Ostseite vor, wie es im SW. durch den Ziegenberg der Fall ist. Auch hier zeigen bereits die Terrainverhältnisse die Grenze zwischen Flammenmergel und Hilssandstein an, indem sowohl der Ziegenberg wie die weiteren auf der Süd- und Ostseite der Hohen Schanze

---

treffen, zu welcher ihrer beiden Arten, in die sie die v. SCHLOTHEIM'sche Art *Ammonites noricus* zerlegt haben, ein solches Stück gehöre, so habe ich für die mir allein vorliegenden kleinen Exemplare den alten v. SCHLOTHEIM'schen Namen beibehalten.

sich ausdehnenden Hilssandsteinhöhen in der vorher geschilderten Weise durch Dellen von dem meist auch durch den Beginn eines steileren Anstiegs gekennzeichneten Flammenmergel abgegliedert werden.

Wo aber diese schon in der Oberflächengestaltung enthaltenen Hinweise auf die Grenze der beiden Formationen fehlen, wie es besonders auf der Strecke von Hörsum bis Eimsen der Fall ist, da bietet die Festlegung dieser Grenze entschieden erheblichere Schwierigkeiten, besonders weil vielfach eine sehr ähnliche petrographische Ausbildung in den beiden Schichtgliedern Platz greift. Denn zu dem mitunter vollständigen Verschwinden der Unterschiede in der charakteristischen Färbung der beiden Gesteine kommt noch der Umstand hinzu, dass auch das Auftreten von „Spongiennadeln"[1] kein ausschliesslich dem Hilssandstein zukommendes Kennzeichen sein dürfte. Ich habe nämlich gar nicht selten in quarzitisch entwickeltem Flammenmergel Gebilde gesehen, die vollständig mit den „Spongiennadeln" des Hilssandsteins übereinstimmen. Zu der Beantwortung der Frage, in welches Niveau dieser sog. Hilssandstein zu stellen ist, kann ich leider nichts beitragen, da es mir nicht gelungen ist, aus demselben Versteinerungen zu erhalten. Es gilt aber auch für dieses Gebiet die von G. BOEHM[2] aus der eigentlichen Hilsmulde gemachte Beobachtung, „dass diesem Sandstein der Flammenmergel wahrscheinlich unmittelbar folgt und dass Thone mit *Belemnites minimus* nicht zur Ablagerung gelangt zu sein scheinen."

Aus dem bei der Kirche des Dorfes Eimsen im Flammenmergel angelegten Steinbruche erhielt ich neben der auch sonst angetroffenen *Aucella gryphaeoides* Sow. noch *Hoplites auritus* Sow. und *Inoceramus concentricus* PARK.

Zum Schlusse sind noch die diluvialen Ablagerungen zu erwähnen, die in unserem Gebiete in nicht unbeträchtlicher Ausdehnung die älteren Formationen überlagern. Neben echtem Geschiebethon, den ich oberhalb Meimerhausen am Westabhange des Himmelberges und dann auch an der Strasse von Gross-Freden nach Imsen antraf, sind es hauptsächlich Sand- und Schotter-

---

[1] Zeitschr. d. deutsch. geol. Ges. 1879. S. 663 ff..
[2] Ebendaselbst 1877. S. 219 u. 251.

massen, sowohl nordischen wie einheimischen Ursprungs, die sich mehrfach nicht nur in ziemlich weiter horizontaler Erstreckung, sondern auch bedeutender verticaler Mächtigkeit finden. Westlich der Lieth und des Hackeberges, zwischen den eben genannten Dörfern Gross-Freden und Imsen, lagern wohl die bedeutendsten derartigen Massen, deren feine Sande in der Spiegelscheibenfabrik Freden zu den ersten Schleifarbeiten verwendet werden. Auf der rechten Leineseite stehen südöstlich Hörsum grössere Schottermassen an und dann nehmen dieselben unterhalb Alfeld sowohl auf dem linken wie auf dem rechten Ufer der Leine beträchtliche Strecken ein, bis die Lehmdecke des Banteln-Gronauer Beckens sie verhüllt. In dem auf der Westseite des Külfes sich ausdehnenden Thalzuge liegen vielfach grössere Blöcke nordischer Geschiebe, namentlich von Gneiss und Granit; sie zeugen davon, dass einst auch hier eine Geschiebethondecke ausgebreitet war, die jetzt bereits zum allergrössten Theil der Denudation zum Opfer gefallen ist.

An der höchsten Stelle des Freden mit Imsen verbindenden Weges fand Herr v. KOENEN in den dortigen Sandlagen Concretionen, die den Imatrasteinen vergleichbar sind und die von ihm ganz ähnlich auch in der Seesener Gegend angetroffen sind. An dem Wege, der von dem Westfusse des Hackeberges nach Süden führt, sind die Sand- und Schotterlagen z. Th. zu mächtigen Conglomeratbänken verkittet, wie sich solche durch Kalkinfiltration verhärtete Lagen auch sonst den Kiesmassen eingelagert finden. Das unterhalb Gross-Freden gelegene Steilufer der Leine lässt in den daselbst angeschnittenen Schotterlagen auch eine wahrscheinlich durch Mangan-Superoxyd dunkel gefärbte Schicht beobachten.

Lehmablagerungen sind gleichfalls weit verbreitet und ziehen sich mitunter zu beträchtlichen Höhen empor. Kalktuffbildungen habe ich dagegen nur an zwei Stellen und auch an diesen nur in beschränktem Maasse gefunden, nämlich einmal östlich der Glashütte Schildhorst an der dort am Westfusse des Wellenkalkes entspringenden Quelle und dann in dem Thale zwischen Humberg und Kleck.

Der geotektonische Bau.

Dass unser Gebiet in tektonischer Hinsicht einen Sattel bildet, hat bereits im Verlaufe der zwanziger Jahre FR. HOFFMANN beobachtet, der zum ersten Male die Ergebnisse der geologischen Erforschung von Nordwestdeutschland kartographisch zusammenfasste und 1829 als „Geognostische Karte vom nordwestlichen Deutschland" herausgab. 1830 liess er dann gewissermassen als ausführliche Erläuterung zu diesem Kartenwerke eine „Übersicht der orographischen und geognostischen Verhältnisse des nordwestlichen Deutschlands" erscheinen, ein Werk, das eine Reihe der wichtigsten geologischen Beobachtungen enthält und ein beredtes Zeugniss ablegt von der scharfen Beobachtungsgabe des Verfassers. Findet man doch in manchen Sätzen[1] über die Aufrichtung der Schichten Ansichten ausgesprochen, die man für geradezu identisch halten möchte mit den Anschauungen, die in neuester Zeit Herr VON KOENEN darüber entwickelt hat. Indess diese Ansichten HOFFMANN's, vorausgesetzt, dass sie wirklich mit den jüngst gewonnenen in eine Linie zu stellen sind, haben keinen durchgreifenden und nachhaltigen Einfluss auf die Vorstellungen der späteren Geologen über die Biegung und Faltung von Schichten auszuüben vermocht. Denn die allermeisten derselben lassen die Aufwölbung von Sätteln resp. die Einbiegung von Mulden stets ohne Unterbrechung des Schichtenzusammenhanges vor sich gehen, welcher Ansicht gegenüber eben erst in unseren Tagen Herr VON KOENEN in der nachdrücklichsten Weise darauf hingewiesen hat, dass in unserer Gegend mit der Aufwölbung resp. Einbiegung der Schichten in der Regel auch Zerreissungen eingetreten sind.

Sehen wir nunmehr zu, ob und in welchem Umfange sich für diese Anschauung Beweise auch aus unserem Gebiete beibringen lassen.

In der Südhälfte unseres Gebietes gehört zu dem östlichen Sattelflügel der gesammte Buntsandstein rechts der Leine, indem seine Schichten, wie oben angegeben, überall ein nordöstliches Fallen erkennen lassen, und das Andauern

---
[1] s. S. 534 ff. (544, 545, 547); vergl. auch desselben Verfassers Physikalische Geographie. Berlin 1837.

dieser Fallrichtung in den Höhen des Schleeberges und Wahrberges auf dem linken Ufer der Leine beweist, dass auch sie noch trotz des dazwischen liegenden Leinethales diesem östlichen Flügel zuzuzählen sind. Diesen Buntsandsteinbergen lagern sich westlich jene Muschelkalkberge vor, deren Schichten südwestwärts einfallen. Dieselben bilden den westlichen Sattelflügel, in dem nirgends Buntsandstein zu Tage tritt; nur an dem Fusse der Lieth, sowie dem des Humberges und Rettberges haben wir Röth kennen gelernt.

In dem Kroschenhohl trat uns eine sattelförmige Schichtenstellung entgegen, indem im Gegensatze zu dem westlichen Fallen an seiner Westseite die Wellenkalkschichten seiner Ostseite ein nordöstliches Fallen zeigen (s. Profil 1). Dasselbe Verhalten fanden wir in dem Hausfredener Berge und wir dürfen wohl auch für den Wellenkalk des Giselher eine nordöstliche Fallrichtung in Anspruch nehmen. Denn diese letztgenannte Anhöhe, der westlich Röth vorgelagert ist, befindet sich zu dem auf der Ostseite von Röth unterlagerten Mädchenbrink vollständig in der gleichen Stellung, wie der nordöstlich fallende Wellenkalk des südöstlichen Ausläufers des Kroschenhohl zu der südwestliche Schichtenneigung zeigenden Erhebung des Dohrenkamps: in beiden Fällen stehen sich die Wellenkalkschichten in antiklinaler Stellung gegenüber, und zwischen ihnen tritt der sie unterlagernde Röth zu Tage. Die Verbindungslinie dieser beiden „Luftsättel" dürfte ziemlich genau die Linie oder wohl richtiger die Zone bezeichnen, in der sowohl in dem Hausfredener Berge wie in dem Kroschenhohl deren entgegengesetzt fallende Wellenkalkpartieen zusammentreffen, und in deren Verlauf wir am Nordrande des Kroschenhohl eine arg verworrene Lagerung feststellen konnten. Diese Linie müssen wir aber als den Ostrand des Westflügels unseres Sattels auffassen, während der Westrand des Ostflügels mit der Westgrenze des Buntsandsteins zusammenfällt.

Der geringe Abstand, in dem sich hier die Schichtenköpfe des südwestlich fallenden Wellenkalkes und die des nordöstlich fallenden Buntsandsteins gegenüberstehen, beweist, dass hier der Westflügel gegen den Ostflügel gesunken, dass also in der Sattellinie nicht etwa nur eine Aufreissung der Schichten an der Oberfläche stattgefunden hat, sondern dass daselbst durch eine tief hinabreichende Spalte eine vollständige Unterbrechung des Schichtenzusammenhanges herbeigeführt worden ist; denn nur so konnte eine Verschiebung der beiderseitigen Flügel möglich werden. Aber der Umstand, dass zwischen den beiden Flügeln ein, wenn auch nur geringer, Zwischenraum besteht, ist auch zugleich ein Beweis dafür, dass bei der sattelförmigen Aufrichtung der Schichten die inneren Begrenzungsflächen der beiden Sattelflügel eine divergente Stellung zu einander annahmen oder mit andern Worten, dass zwischen ihnen eine nach oben klaffende Spalte entstand. In diese brachen von dem Westflügel her die jetzt nordöstlich fallenden Wellenkalkpartieen hinein, und der entsprechende Vorgang lässt sich dort, wo der im Norden des Giselher in streng westöstlicher Richtung verlaufende Koppelweg in eine mehr nördliche Richtung umbiegt, auch im Bereich des Buntsandsteins feststellen. Denn während oberhalb dieser Biegung in Übereinstimmung mit dem sonst allgemein üblichen Fallen die Buntsandsteinschichten unter ca. 40° nach NO. geneigt stehen, finden wir in der Nähe dieser Stelle eine horizontale Lagerung und in der Biegung selbst ein mit etwa 27° nach SW. gerichtetes Einfallen.

In dem Dorfe Klein-Freden lernten wir nördlich und südlich des dasselbe durchfliessenden Baches je eine Scholle südwestlich fallenden Wellenkalkes kennen, und in dem Zwischenraume, der dieselben von dem Buntsandstein trennt, sehen wir Tertiärschichten eingesunken (siehe Profil 2). Das südliche Vorkommen derselben, das früher durch einen Hohlweg zugänglich war, wurde im Jahre 1886 gelegentlich einer Brunnenanlage aufs Neue aufgeschlossen, und damals gelang es Herrn VON KOENEN, aus den dabei durchsunkenen, meist stark glaukonithaltigen, oberoligocänen Mergeln eine ziemlich reiche Fauna zu sammeln.

Mit dem Hinübertritt des Muschelkalkzuges auf das linke Ufer der Leine wird der Abstand zwischen den beiden Sattelflügeln ein wesentlich grösserer, und gleichzeitig erfolgt auch der Eintritt der Leine in die eigentliche Sattelspalte. Es könnte nun die Vermuthung entstehen, dass hier der Bau des

Sattels kein ungleichförmiger mehr ist, dass vielmehr beide Flügel sich in annähernd gleichem Niveau gegenüberstehen, dass aber von dem Westflügel der gesammte eigentliche Buntsandstein durch die erodirende Kraft der Leine entfernt sei. Dass dieses indess nicht der Fall ist, dass vielmehr auch hier der Westflügel gegenüber dem Ostflügel gesunken ist, und dass dadurch, nicht durch Erosion, die Lage der Buntsandsteinschichten unter dem heutigen Leineniveau hervorgerufen ist, lässt sich für den südlichen Theil dieses Abschnittes mit aller Bestimmtheit nachweisen; es ergibt dieses die hier stattfindende Nebeneinanderlagerung der Röthschichten des westlichen Sattelflügels mit Kreideschichten, die an dieser Stelle in ganz entsprechender Weise in die Sattelspalte eingesunken und auf diese Weise vor der sonst erfolgten Wegführung durch die Erosion bewahrt geblieben sind, wie wir dieses soeben bei den Tertiärschichten des Dorfes Klein-Freden gefunden haben (siehe Profil 3).

Nördlich Gross-Freden dehnt sich vor dem östlichen Steilhange der Lieth eine nur sanft geneigte, ja in manchen Partieen fast ebene Fläche aus, die grösstentheils von Schotter und Lehm bedeckt ist und allein in ihrem nördlichen Theil den Röth in grösserer Ausdehnung sichtbar werden lässt. Mit einem auch auf der Karte verzeichneten Steilabfall tritt diese Platte an die Leine heran, und durch dieselbe wird hier ein höchst bemerkenswerther Aufschluss geschaffen. An der Südecke desselben steht eine Bank eines harten, meist dunkelgrauen Gesteines an, das eine sehr weitgehende Zerklüftung und auf den Kluftflächen eine meist sehr reichliche Ausscheidung von kleinen Aragonitkrystallen zeigt. Über das Alter dieses Gesteines vermag ich, da es mir trotz aller Mühe nicht gelungen ist, aus demselben Fossilien zu erhalten, keine bestimmten Angaben zu machen. In etwa 40 m Entfernung tritt an das Flussufer eine in der Färbung mannigfach wechselnde Sandsteinbank heran, die eine gewisse Ähnlichkeit mit Flammenmergel besitzt, wie solcher ja sowohl in der Hilsmulde als auch in dem Alfelder Zuge als quarzitischer Sandstein entwickelt erscheint; manche Partieen erinnern freilich mehr an Hilssandstein. Da mir die Auffindung von Petrefacten nicht gelungen ist, so kann ich eine sichere Entscheidung in der Frage nach der Stellung dieses Sandsteines, der unter dem Einflusse der Atmosphärilien in einen lockeren, grün gefärbten Sand zerfällt, nicht treffen. Schon unmittelbar vor und hinter der Sandsteinbank wird unter der Schotterdecke Thon sichtbar und weiterhin zeigt sich solcher auch überall dort, wo, meist durch Rutschung, die verhüllende Lehmdecke entfernt ist. Freilich ergibt sich zwischen diesen Vorkommnissen insofern ein Unterschied, als in der Nähe der erstgenannten Stelle das häufige Auftreten von rothen Färbungen den Thon als Röth anzusprechen veranlasst, während an den nördlicheren Stellen stets eine graublaue Färbung auftritt. Am Nordende des ganzen unmittelbar an die Leine herantretenden Steilufers ist dieser graublaue Thon in grösserer Ausdehnung freigelegt, und hier erweist denselben die Petrefactenführung als Hilsthon. Ich konnte daselbst folgende Versteinerungen sammeln:

Meyeria ornata PHILL.
Hoplites oxygonius NEUM. u. UHL.[1]
   „ *noricus* SCHLOTH.
Acanthoceras n. sp. cf. *Milletianum* NEUM. u. UHL.
Rostellaria Phillipsi ROEM.
Venus sp.
Astarte subcostata D'ORB.
   „ sp.
Isocardia ungulata PHILL.

Leda scapha D'ORB.
Perna Forbesi PICT. et CAMP.
Avicula Cornueliana D'ORB.
Pecten Cottaldinus D'ORB.
   „ *crassitesta* ROEM.
Exogyra Couloni D'ORB.
Serpula antiquata SOW.
   „ *quinquelineata* ROEM.
   „ *unilineata* ROEM.
Brevismilia conica RM.

Dazu kommen noch 2 gleichfalls an dieser Stelle gefundene Fischotolithen.

Endlich treten an der Fussgängerbrücke, die oberhalb der Eisenbahnbrücke die Leine kreuzt, noch einmal Sandsteinschichten zu Tage, die zwar einige Ähnlichkeit mit der vorher erwähnten Sandsteinbank erkennen lassen, meistens aber doch heller gefärbt als jene sind und von denen ich es auch dahingestellt sein lassen muss, ob sie Flammenmergel oder Hilssandstein sind.

---

[1] Unter den von dieser Stelle stammenden Stücken finden sich mehrere sicher auf *Hoplites oxygonius* zu beziehende Exemplare; für die kleineren Eisenkiesexemplare glaubte ich auch hier den alten v. SCHLOTHEIM'schen Sammelnamen beibehalten zu dürfen.

Weiterhin fesselt auf dem östlichen Sattelflügel der bei dem Dorfe Meimerhausen anstehende Gyps unsere Aufmerksamkeit. H. ROEMER[1] rechnet denselben dem Buntsandstein zu, ohne sich über die nähere Stellung desselben in dieser Schichtreihe auszulassen; BRAUNS[2], der ihn gleichfalls nur ganz flüchtig erwähnt, betrachtet ihn als Einlagerung des „Röthmergels". Wenn bei dieser Auffassung auch noch die Lagerung der Gypsschichten am Fusse des Buntsandsteins, mit dem sie ein im Wesentlichen übereinstimmendes Streichen und Fallen besitzen, ohne erhebliche Schwierigkeiten möglich wäre[3], und wenn auch wohl noch die in der unmittelbaren Nachbarschaft der Gypslagen anstehenden Thone als Röththone gedeutet werden könnten, so ist doch der petrographische Charakter der zusammen mit dem Gypse sich findenden grauen Dolomit- und Kalkgesteine ein so sehr von demjenigen von Röthgesteinen abweichender, dass dadurch jene Annahme unhaltbar werden dürfte, und dafür die Neigung hervorgerufen wird, diese Gypsmassen dem Zechstein zuzurechnen. Für diese Ansicht spricht auch die Beschaffenheit mancher Gypslagen, während die Lagerungsverhältnisse ihr sicherlich ebensowenig widersprechen, wie das eben erwähnte Vorkommen von Thonschichten. Wenn diese Deutung richtig ist, was freilich nur durch, mir nicht gelungene, Petrefactenfunde vollkommen sichergestellt werden kann, so würden wir an dieser Stelle des östlichen Sattelflügels noch Zechsteinschichten zu Tage treten sehen (siehe Profil 4). Dabei dürfte es jedenfalls nicht zufällig sein, dass diese Stelle sich an dem Westfusse gerade desjenigen Theiles des Buntsandsteinzuges findet, in dem derselbe sich zu seiner höchsten Erhebung emporhebt. Dazu kommt noch weiter der Umstand, dass diese Stelle zugleich in dem Buntsandsteinzuge insofern einen Eckpunkt bezeichnet, als unterhalb von ihr das Durchbruchsthal der Leine beginnt. In einer zu seinem Streichen sehr spitzwinkelig verlaufenden Linie wird allmählich der ganze Schichtcomplex des Buntsandsteins von der Leine durchschnitten, die damit die eigentliche Sattellinie wieder verlässt.

---

[1] Zeitschr. d. deutsch. geol. Ges. III. 1851. S. 485.
[2] Palaeontographica. XIII. S. 81.
[3] Vergl. Die nordöstlich fallenden Wellenkalkschichten des Kroschenhobl.

Diese letztere verläuft nördlich des Dorfes Wispenstein dem Ostrande des Nattenberges und der Föhrster Anhöhe entlang und tritt von hier in das Schleeberg und Humberg scheidende Thal. In diesem sowohl wie auch in demjenigen zwischen Wahrberg und Rettberg tritt wieder deutlich das Gesunkensein des Westflügels zu Tage, indem sich den Buntsandsteinschichten des Ostflügels unmittelbar die Röthschichten des Westflügels vorlagern (s. Profil 5 u. 6). Beiderseits der Alfeld-Geerzener Strasse zeigen dann ja auch die Wellenkalkschichten ein ihrer sonstigen südwestwärts gerichteten Neigung entgegengesetztes Fallen nach NO., eine Erscheinung, die auch hier durch Abbruch in die Sattelspalte hinein zu erklären sein dürfte.

Mit dem Nordende des Wahrberges erreichen wir die nördliche Grenze der nordöstlich fallenden Buntsandsteinschichten und damit überhaupt die Nordgrenze der südlichen Sattelhälfte, die dadurch ausgezeichnet ist, dass in ihr der meist nur aus Muschelkalk aufgebaute Westflügel gegenüber dem die Schichtenfolge des Buntsandsteins mitumfassenden Ostflügel gesunken ist. In dem ganzen Verlaufe dieses südlichen Theiles unseres Sattels sehen wir auch die eigentliche Sattellinie resp. -spalte von ihrem Südende im NW. von Hilprechtshausen bis zu dem zwischen Wahrberg und Rettberg gelegenen Thale eine annähernd geradlinige Richtung innehalten.

Das fast durchweg von Schotter und Lehm bedeckte Gebiet, das sich im Norden des Wahrberges ausdehnt, bildet ein sehr wichtiges Scheidegebiet in dem Buntsandsteinzuge. Denn einerseits erleidet derselbe hier rein orographisch eine sehr augenfällige Unterbrechung — die Buntsandsteinschichten sind so gut wie vollständig eingeebnet und mit Diluvium überdeckt[1] —, und andererseits erweisen sich die jenseits dieses Gebietes wieder höher emporsteigenden Buntsandsteinschichten durch ihr nunmehr nach SW. gerichtetes Fallen als dem westlichen Sattelflügel zugehörig. Die östlich der Mühle Brüninghausen emporsteigende Anhöhe bildet den Anfang dieses Buntsandsteinzuges auf dem westlichen Sattelflügel, der sich bis zu dem Banteln-Gronauer Becken erstreckt. West-

---

[1] Eine Feststellung ihres Streichens und Fallens ist mir nicht möglich gewesen, doch will es mir wahrscheinlich scheinen, dass sie noch nach NO. fallen, wie ich solches auch auf Profil 7 angedeutet habe.

lich lagert sich demselben der Muschelkalkrücken des Külf vor, der durch den Knick mit dem Rettberge, der nördlichsten Erhebung der Südhälfte des westlichen Sattelflügels, in Verbindung tritt. Zwischen der Nord- und Südhälfte dieses Muschelkalkzuges findet ebenso wie in dem Buntsandsteinzuge der Unterschied statt, dass in der nördlichen Sattelhälfte die streng nordwestliche Richtung der Südhälfte in eine etwa um 1 Strich nach N. abweichende übergeht. Diese Richtungsänderung steht offenbar mit den Querbrüchen, die mehrfach Knick und Rettberg durchsetzen, in dem engsten Zusammenhang.

Was den Muschelkalkzug betrifft, der in dem Südtheile unseres Gebietes von Wetteborn her in gleichförmiger Auflagerung den Buntsandstein des östlichen Sattelflügels begleitet, so endet derselbe bereits im Süden von Alfeld auf der Ostseite des Leinethales. In seiner Verlängerung hebt sich zwar südöstlich von Limmer noch jene kleine Trochitenkalkhöhe heraus, die ich oben mit einem Tumulus verglich, aber dieselbe dürfte doch kaum als eine wirkliche Fortsetzung jenes Zuges aufgefasst werden können, sondern muss wohl eher, wie es auch jener obige Vergleich andeuten soll, als eine für sich bestehende, inselartige Aufragung in der hier geradezu beckenartig erweiterten Thalfläche der Leine betrachtet werden (siehe Profil 7).

Nordwärts jener, das Scheidegebiet zwischen der Süd- und Nordhälfte unseres Sattels bildenden Einsenkung im N. des Wahrberges tritt naturgemäss die Sattelspalte aus dem bis dahin verfolgten Verlaufe längs der Westseite der Buntsandsteinhöhen an den Ostfuss der nördlich dieser Stelle ja zum Westflügel gehörenden Buntsandsteinberge, und hierdurch geschieht es, dass die Leine unterhalb der eben erwähnten Thalweitung wieder in die Sattelspalte eintritt und in derselben etwa bis Brüggen hin bleibt. An der Westseite ihres Thales steigen hier sofort die oben genannten Buntsandsteinberge des westlichen Sattelflügels auf und das S. 13 von dem Nordende der Brüninghäuser Anhöhe angeführte, nach der nordöstlichen Seite erfolgende Schichtenfallen ist wohl analog dem südwestlichen Fallen der Buntsandsteinschichten im NO. des Giselher durch ein Einbrechen in die Sattelspalte hinein zu erklären.

Auf dem gegenüberliegenden, rechten Ufer der Leine fehlen die Triasschichten, die in der Südhälfte unseres Gebietes in ihrer ganzen Mächtigkeit in die Bildung des östlichen Sattelflügels eintreten, auffälligerweise fast vollständig. Nur an dem Westabhange des grossen Eversberges und in der sog. Steinkuhle südlich des Dorfes Brüggen werden Muschelkalkschichten angetroffen. Das letztere Vorkommen leitet zu dem bereits wieder links der Leine gelegenen Ohberge südlich Banteln hinüber, in dem zum letzten Male in unserem Gebiete Triasschichten auftreten, die dem Zuge des östlichen Sattelflügels zugezählt werden können. Die Leine bildet somit hier noch einmal ein Durchbruchsthal, unterhalb dessen sie in das weite Versenkungsbecken von Gronau-Elze eintritt.

Auch hier war sicherlich zwischen dem östlichen Sattelflügel und dem Westflügel eine klaffende Spalte gerissen: darauf deutet schon die westliche Schichtenneigung zeigende Wellenkalkpartie, die dem Ohberge an seiner SW.-Ecke vorgelagert ist; dafür spricht aber noch viel mehr die Trochitenkalkscholle, die sich in einer ungefähren Entfernung von 700 m von jener Erhebung zwischen Buntsandsteinschichten zwischengeklemmt findet. Diese Lagerungsverhältnisse sowohl wie ihre unter ca. 35° nach SW. geneigte Schichtenstellung lassen sie als ein vollständiges Analogon zu den sonstigen Vorkommnissen in die Sattelspalte eingestürzter Gesteinsschichten erscheinen.

Denkt man sich die Muschelkalkerhebungen des Ohberges, der Brügger Steinkuhle und des grossen Eversberges zu einem einheitlichen Zuge verbunden und vergleicht dessen Verlauf mit demjenigen des Muschelkalkzuges der südlichen Sattelhälfte, so zeigt sich zwischen beiden die gleiche Abweichung in der Richtung, wie wir sie oben für die beiden Hälften des Buntsandsteinzuges und des westlichen Muschelkalkrückens gefunden haben, und zwar lässt die weite Lücke, die hier zwischen den beiden Theilen vorhanden ist, diesen Richtungsunterschied noch schärfer als dort hervortreten.

Dieser, wie ich hoffe, in den wesentlichen Punkten vollständigen Darstellung des Aufbaues unseres Sattels im Bereiche der Triasschichten will ich versuchen, im Folgenden wenigstens einige Angaben über die Beziehungen folgen zu lassen, die zwischen diesen älteren Schichten und den Jura- und Kreidegesteinen stattfinden.

Auf der westlichen Sattelseite deutet allein schon die steile Aufrichtung der Keuperschichten östlich der Gross-Fredener Thongruben auf Störungen in den Lagerungsverhältnissen hin, Andeutungen, die dann in den Thongruben selbst ihre Bestätigung finden, indem wir hier steil aufgerichtete Opalinusthone neben die Schichten des unteren resp. mittleren Lias gelagert finden. Im SO. des Gutes Esbeck weist das sehr nahe Aneinanderrücken der Gypskeuperschichten und der Amaltheenthone gleichfalls auf das hier erfolgende Durchsetzen einer Störung hin, und somit sind wenigstens einige Anhaltspunkte für den Nachweis von Verwerfungen gegeben, die die Schichten meist wohl parallel zu ihrem Streichen durchsetzen, und an denen der jedesmalige westliche Schichtcomplex gegen den östlichen abgesunken ist. Eine sichere Verfolgung dieser Verwerfungen nach NW. ist mir zwar nicht gelungen, doch möchte ich den Hinweis nicht unterlassen, dass der etwa bis Warzen hin parallele Verlauf der Muschelkalkhöhen des westlichen Flügels unseres Sattels und der Jurahöhen auf der Nordostseite der Hilsmulde zum wenigsten darauf schliessen lässt, dass bis dahin die Lagerungsverhältnisse die gleichen bleiben, d. h. dass jene Verwerfungen mindestens bis hierher fortsetzen dürften[1].

Über Warzen hinaus tritt, wie oben dargelegt, eine Richtungsänderung in dem Buntsandstein- und Muschelkalkzuge auf, und dieser entspricht bezeichnender Weise südlich von Warzen auch eine Störung in dem Verlaufe des Jurazuges.

[1] Während ich auf Profil 2 nicht nur die Verwerfung, die zwischen Dogger und Lias durchsetzt, sondern auch diejenige, die im Gebiet des Keupers auftritt, mit Sicherheit ziehen konnte, glaubte ich die oben angenommene Fortsetzung dieser Verwerfungen bis etwa Warzen hin auf den Profilen 5, 6 und 7 nur in hypothetischer Form zur Darstellung bringen zu dürfen. Ich habe demgemäss sowohl die Keuper- als auch die Liasschichten an senkrecht construirten Verwerfungslinien abschneiden lassen und dann nur noch durch die gestrichelten unteren Begrenzungslinien des Lias und Doggers deren vermuthliches Einfallen angegeben; ich glaubte es dagegen vermeiden zu müssen, die keilförmigen Stücke, die zwischen den Verwerfungslinien und den Einfallslinien des Lias resp. Doggers entstehen, voll zu zeichnen, weil damit gänzlich hypothetische Andeutungen über das Ausmaass der angenommenen Verwerfungen gegeben wären.

Denn im Gegensatze zu der streng nordwestlichen Richtung, die derselbe bis zu der westlich des Dorfes Geerzen gelegenen Einsenkung innehält, besitzt der nördlich derselben gelegene Reuberg eine nordnordwestlich gerichtete Erstreckung. Da indess sehr bald wieder die ursprüngliche NW.-Richtung eingeschlagen wird, so wird auf diese Weise nur eine nach N. gerichtete Parallelverschiebung in dem Verlaufe des Jurazuges hervorgebracht und damit tritt in der Nordhälfte unseres Gebietes an die Stelle des im Süden herrschenden Parallelismus eine deutliche Divergenz zwischen dem Külfe und dem Jurazuge ein. Aus Dubbers' Angaben [1], dass südlich jener Geerzer Einsenkung die Eimbeckhäuser Plattenkalke völlig fehlen, während sie nördlich derselben plötzlich in grosser Ausdehnung auftreten, folgt wohl, dass durch diese Einsenkung eine Störung hindurchsetzt. Vielleicht besteht zwischen den bei dieser beiderseitigen Richtungsänderung auftretenden Querbrüchen ein derartiger Zusammenhang, dass sich dieselben zu einer einheitlichen Bruchlinie verbinden, die nach Süden bis in das Becken von Delligsen hineinreicht und in unserem Sattelgebiet mit der Scheidelinie desselben in eine Nord- und Südhälfte zusammenfällt.

Auf der östlichen Sattelseite ist es eine höchst auffallende Erscheinung, dass daselbst weder brauner noch weisser Jura zu Tage tritt; es folgen vielmehr die Schichten der unteren Kreide unmittelbar den Gesteinen der Trias resp. des Lias[2]. Diese bedeutende Lücke in der Schichtenfolge dürfte immerhin noch am einfachsten durch die Annahme zu erklären sein, dass der ganze Complex der Kreideschichten eine gegen ihre Umgebung tief gesunkene Scholle darstellt. Die Bruchlinie, die diese jüngeren Schichten von den älteren scheidet, verläuft in der Südhälfte unseres Gebietes wohl parallel der Sattellinie in streng nordwestlicher Richtung; von Alfeld abwärts dürfte sie bis über Wettensen hinaus die östliche Grenzlinie der Thalfläche der Leine bilden, und dann verschwindet sie wohl unter der Schotter- und Lehmdecke, die sich nördlich des grossen Eversberges ausdehnt.

---

[1] Dubbers, Der obere Jura auf dem Nordostflügel der Hilsmulde. Inaug.-Diss. 1888. S. 9.
[2] s. Profil 1 und vergl. Anm. 1 auf S. 25 und Anm. 1 auf S. 46.

Der südnördliche Verlauf, den die Grenzlinie zwischen diesen Diluvialschichten und den Flammenmergelbänken von dem eben genannten Berge bis zu dem Dorfe Rheden innehält, ist vielleicht nicht rein zufällig entstanden, sondern durch eine südnördlich verlaufende Bruchlinie bedingt, möglicherweise einer Fortsetzung jener Bruchlinie, die das Scheidegebiet der beiden Hälften unseres Sattels durchsetzt und allem Anschein nach nach Süden wenigstens bis zu dem Becken von Delligsen reicht.

Dass die jüngeren, die älteren SO.—NW.-Spalten so häufig durchsetzenden SN.-Brüche mannigfach auf unser Gebiet eingewirkt haben, ist von vorneherein anzunehmen und lässt sich auch mit ziemlicher Sicherheit geradezu nachweisen. Wir haben verschiedene Anzeichen dafür kennen gelernt, dass gerade die Mitte unseres Sattels von einer solchen südnördlich verlaufenden Bruchlinie durchsetzt wird, und wir werden wohl annehmen dürfen, dass durch dieselbe die Scheidung unseres Sattels in eine nördliche und südliche Hälfte wesentlich verschärft worden ist. Auch das Herausrücken der nördlichen Sattelhälfte aus der von der südlichen innegehaltenen Richtung könnte der nachträglichen Einwirkung dieses SN.-Bruches zugeschrieben werden, und noch viel grösser dürfte sein Antheil an der Herausbildung der beckenartigen Erweiterung sein, die unterhalb Alfeld Platz greift, indem hier auf der linken Leineseite der Buntsandstein fast vollständig fehlt, und die rechtsseitige Thalfläche erst an den Gesteinen der unteren Kreide eine Grenze findet. Vielleicht ist eben erst unter der Einwirkung dieser Spalte jene weite Lücke in dem Verlaufe der Triasschichten auf dem östlichen Sattelflügel entstanden, und dann liegt auch wohl die Annahme nicht mehr fern, dass sie zu einer weiteren Senkung der dort noch vorhandenen Reste derselben beigetragen und dadurch deren heutige Geringfügigkeit mitbedingt hat.

Beiderseits der Triasschichten haben wir der Sattelspalte parallel streichende Verwerfungen erkannt, an denen die westlich resp. östlich gelegenen Schichtcomplexe abgesunken sind. Mit diesen Spalten steht der Lauf der Leine offenbar in dem allerengsten Zusammenhang. Nachdem sie das Becken von Greene verlassen und etwa bei Erzhausen in unser Gebiet eingetreten, ist ihr Lauf zunächst wohl durch jene streichenden Verwerfungen auf der westlichen Sattelseite bedingt; dann durchbricht sie unterhalb des Gutes Esbeck den westlichen Muschelkalkzug und nimmt darauf von Freden abwärts ihren Verlauf in der eigentlichen Sattelspalte, bis sie auch diese verlässt und mit ihrem Eintritt in das Alfelder Becken in ein Gebiet gelangt, wo die Richtung ihres Laufes kaum durch irgend eine bestimmte der hier eintretenden Spalten bedingt wird. Unterhalb Wettensen fällt ihr Thalweg noch einmal mit der Sattelspalte zusammen, aber schon bei dem Dorfe Brüggen tritt sie aus derselben wieder hinaus und verlässt damit unsern Sattel auf seiner östlichen Seite, während sie in denselben von Westen her eingetreten ist. Diese Diagonalrichtung, in der die Leine unser Gebiet durchfliesst, kommt also dadurch zu Stande, dass sie einen so zu sagen treppenförmigen Verlauf innehält, d. h. dass sie jeder der SO.—NW.-Spalten auf einer mehr oder minder langen Strecke folgt, sie dann in einem meist südnördlich gerichteten Durchbruchsthale verlässt und somit in steter Abwechselung Querthal an Längsthal reiht. Dieses ganze Verhalten erinnert aber ausserordentlich an dasjenige, das gar nicht selten bei Durchkreuzungen von SO.—NW.-Brüchen durch SN.-Spalten in Erscheinung tritt, indem hierbei vielfach diese letzteren an jenen ersteren auf längere oder kürzere Strecken hin gleichsam abgleiten und in Folge dessen einen geradlinigen Verlauf innezuhalten ausser Stande sind. Es liegt daher jedenfalls die Annahme sehr nahe, dass der heutige „treppenförmige" Verlauf des Leinethals zwischen den Becken von Greene und Gronau-Elze auf einem Spaltenzug beruht, der in Folge der Einwirkung der jüngeren SN.-Brüche auf die dieses Gebiet durchsetzenden SO.—NW.-Spalten entstanden ist und der den Wassern der Leine einen bequemeren Ausweg gewährte, als ihn die geradlinige, auf Hildesheim zu gerichtete Fortsetzung jener Spalte darzubieten vermochte, die den südnördlichen Lauf der Leine bis zu dem Becken von Greene bedingt.

Die Querthäler, die sowohl auf der rechten wie auf der linken Leineseite in deren Thalfläche münden, und die wir bald nur den Buntsandsteinzug, bald nur den Muschelkalkrücken, bald aber auch die gesammten Triasschichten durchsetzen sehen, sind wohl durchgängig durch Querspalten veranlasst, die die langgestreckten Triasschollen, meist wohl gleichzeitig mit ihrer Aufrichtung, in eine Reihe bald längerer, bald kürzerer Bruchstücke zerlegten und die dann später der Erosion die Wege wiesen. Bei dem im Westen von Wetteborn gelegenen Querthale spricht ebenso wie 'bei dem Gross-Freden durchsetzenden Bachthale die bedeutende Verschiedenheit in dem Einfallen des Wellenkalkes nördlich und südlich desselben auf das Deutlichste für eine solche Querspalte, und dass die Unterbrechung zwischen Knick und Rettberg gleichfalls auf einem Querbruche beruht, beweist die arg zerrüttete Lagerung, die der dortige Wellenkalk beiderseits des ihn durchschneidenden Weges erkennen lässt. Dass sogar noch die jetzt in orographischer Beziehung als einheitliche Erhebungen erscheinenden Bergrücken von Spalten durchsetzt werden, lässt sich gar nicht selten in mehr oder minder sicherer Weise nachweisen. Der auffällige Umstand, dass östlich der Glashütte Schildhorst an dem Westfusse des Wellenkalkzuges eine Quelle entspringt, deutet wohl sicher auf eine hier durchsetzende Querspalte hin, und dieser Hinweis wird noch weiter dadurch gestützt, dass einerseits der sonst vollständig geradlinig verlaufende Abhang des Wellenkalkes an dieser Stelle eine Unterbrechung zeigt, andererseits auch in dem Trochitenkalkrücken eine Einsenkung stattfindet, und dass endlich in dem Gebiete des mittleren Muschelkalkes mehrere Erdfälle sichtbar werden. Das von dem Schildhorster Bache durchflossene Thal würde man dann als die westliche Fortsetzung dieser Spalte in Anspruch nehmen können, die auf diese Weise die Ursache für den hier erfolgenden Durchbruch dieses Baches durch den Buntsandsteinzug bilden würde. Auch die Schierdehne wird von einem solchen Querbruche durchsetzt, indem unmittelbar nördlich der die Districte 1 und 2 trennenden Schneise in dem Trochitenkalkwalle eine plötzliche Änderung in dem Schichtenstreichen und -Fallen bemerkbar wird, und indem auch hier wieder der Wellenkalkzug eine deutliche Einsenkung erkennen lässt. Die Erhebung des Kleck lässt gleichfalls derartige Störungen zur Beobachtung gelangen, wie solches auch auf der westlichen Sattelseite in dem Külf und den ihm nach Süden fortsetzenden Höhen der Fall ist.

Vielleicht ist die Vorstellung nicht von der Hand zu weisen, dass an einzelnen dieser Querspalten eine Knickung der Schichten in der Weise erfolgte, dass sie unter Annahme einer sehr flachen Sattelstellung in diesen Bruchlinien wie in einer Firstlinie zusammenstiessen, während nach anderen Querspalten hin eine schwach muldenförmige Einsenkung erfolgte. Nach diesen letzteren hin wird naturgemäss das Wasser geströmt sein und wird hier auch am leichtesten einen Ausweg gefunden haben, dessen Tieferlegung der Erosion um so weniger Mühe verursachte, als sie gerade in diesen Muldenlinien, je tiefer sie vordrang, einen desto lockeren Zusammenhang der Schichten angetroffen haben muss. In den Firstlinien dagegen waren die Schichten wohl gestaucht und gequetscht worden, aber ihr Zusammenschluss blieb doch ein verhältnissmässig inniger, so dass hier jedenfalls der Erosion ein sehr viel grösserer Widerstand gegenübertrat, zu dessen Überwindung zudem noch bedeutend weniger Wasser zur Verfügung stand als in den Muldenlinien, den nothwendigen Sammelorten für das gesammte, von den beiderseitigen Hängen her zum Abfluss gelangende Wasser. So waren vorzugsweise wohl durch die Muldenlinien die heutigen Durchbruchsthäler vorgezeichnet, während längs der Firstlinien sich gerade die heutigen Höhenlinien des Geländes herausbildeten, in den Bergen die höchsten Punkte derselben und in den Thalflächen die wasserscheidenden Anschwellungen. Vielleicht liefert diese Vorstellung eine genügende Erklärung für die auffällige Zerlegung sowohl des Thalzuges Ohlenrode-Alfeld als auch der westlich des Külfes und seiner südlichen Fortsetzungen sich ausdehnenden Thalfläche in eine Reihe selbständiger, von einander nur durch niedrige Querrücken getrennter Abflussgebiete, eine Erscheinung, die kaum durch die ausschliessliche Heranziehung der Erosion als die Oberflächenformen gestaltender Factor erklärbar sein dürfte. Denn während wir in den Querthälern die harten, widerstandsfähigen Schichten des Muschelkalkes und Buntsandsteins durchbrochen finden, sehen wir die Wasserscheiden aus weichen, leicht erodirbaren Thonschichten aufgebaut, so dass die Nichtherausbildung eines in hydrographischer Beziehung einheitlichen Längsthales in dem Gebiete derselben jedenfalls auffällig ist.

Heben wir zum Schlusse kurz das wichtigste Ergebniss der vorstehenden über den tektonischen Bau unseres Gebietes angestellten Untersuchungen hervor, so haben wir als solches die Erkenntniss hinzustellen, dass dieses Gebiet einen sogenannten Sattel bildet, dessen Bauart vollkommen den von Herrn VON KOENEN entwickelten Anschauungen entspricht. In der Sattellinie verläuft eine Spalte, die durch die in sie eingestürzten Massen deutlich erkennen lässt, dass ihre Bruchränder nach oben divergiren, und gleichzeitig zeigt sich dieselbe mit einer Verwerfung verbunden, die eine Verschiebung der beiden Sattelflügel gegen einander zur Folge gehabt hat, und zwar derart, dass sich in der Südhälfte der Westflügel, in der Nordhälfte dagegen der Ostflügel als gesunken erweist. Wie diese verschiedene Lagerung in den beiden Sattelhälften zu Stande gekommen, dürfte ohne eingehenderes Studium der Lagerungsverhältnisse in den an unsern Sattel angrenzenden Gebieten mit Sicherheit nicht entscheidbar sein. Es wäre möglich, dass gleich bei der Aufrichtung des Sattels vielleicht mit in Folge eines Wechsels, den die Einfallsrichtung der in der Sattellinie aufreissenden Spalte erfuhr, eine derartig ungleichmässige Auslösung der horizontalen Spannung erfolgte, dass damals bereits die Triasschichten ihre jetzige windschiefe Stellung zu einander annahmen, eine Stellung, die eine gewisse Ähnlichlichkeit mit den von Herrn LOSSEN geschilderten und von ihm auf Torsionswirkung zurückgeführten Schichtenstellungen im Harze besitzt [1]. Andererseits ist es auch denkbar, dass jene Verschiebung keine ursprüngliche sei, sondern erst nachträglich unter der Einwirkung der von Süden her auf unsere Sattelspalte auftreffenden Leinethalspalte erfolgte, und zwar in der Weise, dass, abgesehen von nebensächlichen Complicationen, das ganze Kreidegebiet der sogenannten Gronauer Mulde in die hier „erweiterte" Leinethalspalte" eingesunken wäre, wie solches Herr VON KOENEN anzunehmen geneigt ist.

[1] Jahrb. d. k. geol. Landesanst. 1881. S. 1—50; vgl. auch SUESS, Antlitz der Erde I. S. 160 ff. und DAUBRÉE, Synthetische Studien zur Experimental-Geologie, deutsche Ausgabe von A. GURLT. Braunschweig 1880. S. 23 ff.

[2] Vergl. Jahrb. d. k. geol. Landesanst. 1885. S. 74 und Erläuterungen zu Blatt Eiterfeld der geol. Specialkarte von Preussen etc. S. 4.

Lebenslauf.

Am 19. September 1860 wurde ich, HANS WERMBTER, evangelischer Confession, zu Rudbardszen, Kreis Gumbinnen, geboren als Sohn des Gutsbesitzers OTTO WERMBTER und seiner Frau LUISE, geb. AUGAR. Nach einem vorbereitenden Unterrichte im elterlichen Hause besuchte ich das Gymnasium zu Insterburg und bestand daselbst im Herbste 1878 das Maturitätsexamen. Hierauf bezog ich, um mich vornehmlich dem Studium der Geographie und Geschichte zu widmen, die Universität Königsberg und legte dort am Ende des Jahres 1883 das Staatsexamen in den genannten Fächern ab. Von Ostern 1884 bis dahin 1885 leistete ich am Gymnasium zu Insterburg das Probejahr ab, nach dessen Ablauf ich zunächst eine Hauslehrerstelle innehatte, bis ich von Michaelis 1886 bis Ostern 1887 am Gymnasium zu Allenstein vertretungsweise beschäftigt wurde. Dann bezog ich die Universität Berlin und widmete mich daselbst naturwissenschaftlichen Studien, die ich von Michaelis 1887 bis dahin 1889 zu Göttingen fortgesetzt habe. Seit dem 1. Mai 1889 bin ich daselbst Assistent am geologisch-palaeontologischen Institut.

Ich habe gehört bei den Herren:

BAUER, v. BEZOLD, CASPARI †, DAMES, EHLERS, GATTERMANN, HENKING, HERTWIG, v. KOENEN, LIEBISCH, LOHMEYER, V. MEYER, PETER, PRUTZ, v. RICHTHOFEN, RIECKE, RÜHL, F. E. SCHULZE, WAGNER, WALTER, WITTMACK, ZADDACH †, ZÖPPRITZ †.

Allen diesen meinen verehrten Lehrern spreche ich für die vielfache wissenschaftliche Anregung und Förderung, die ich von ihnen erfahren, meinen besten, tiefgefühltesten Dank aus.

Uebersichtskarte
des Leinethalgebietes zwischen Greene (Kreiensen) und Elze.
(Ausschnitt aus Ludwig Puritz Wanderkarte f. den Hannoverschen Touristen. Hannover Schmorl & v. Seefeld.)

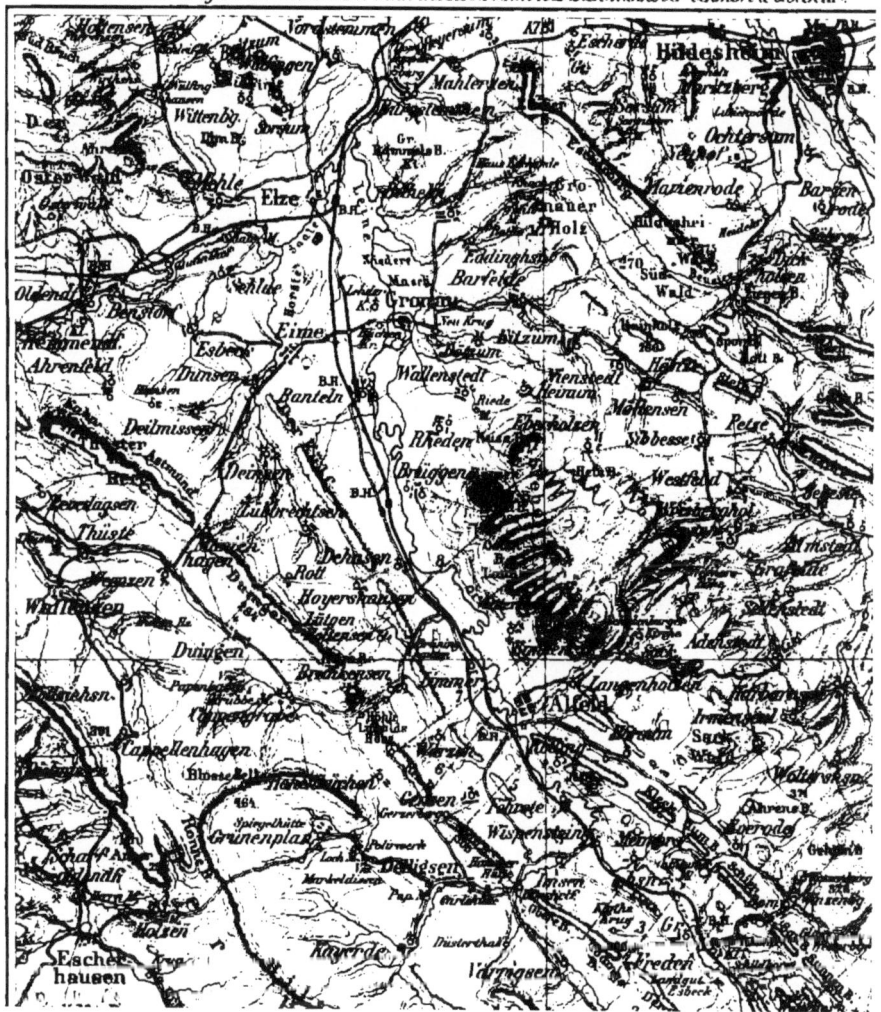

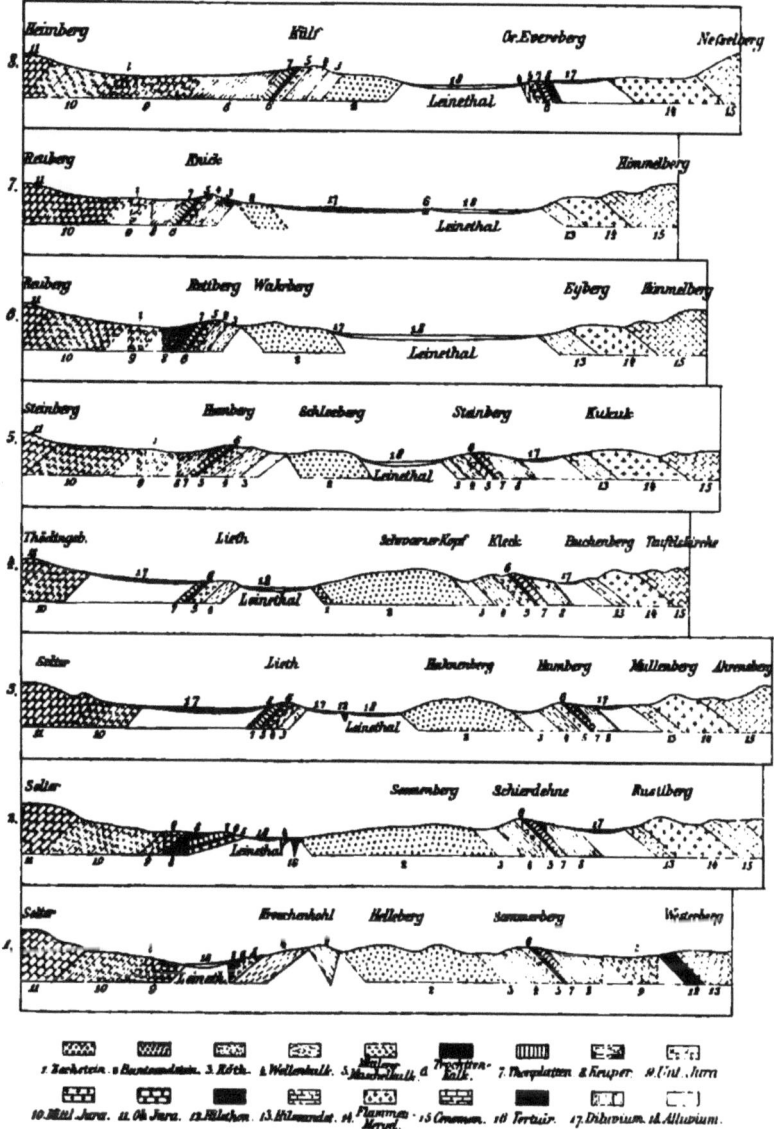